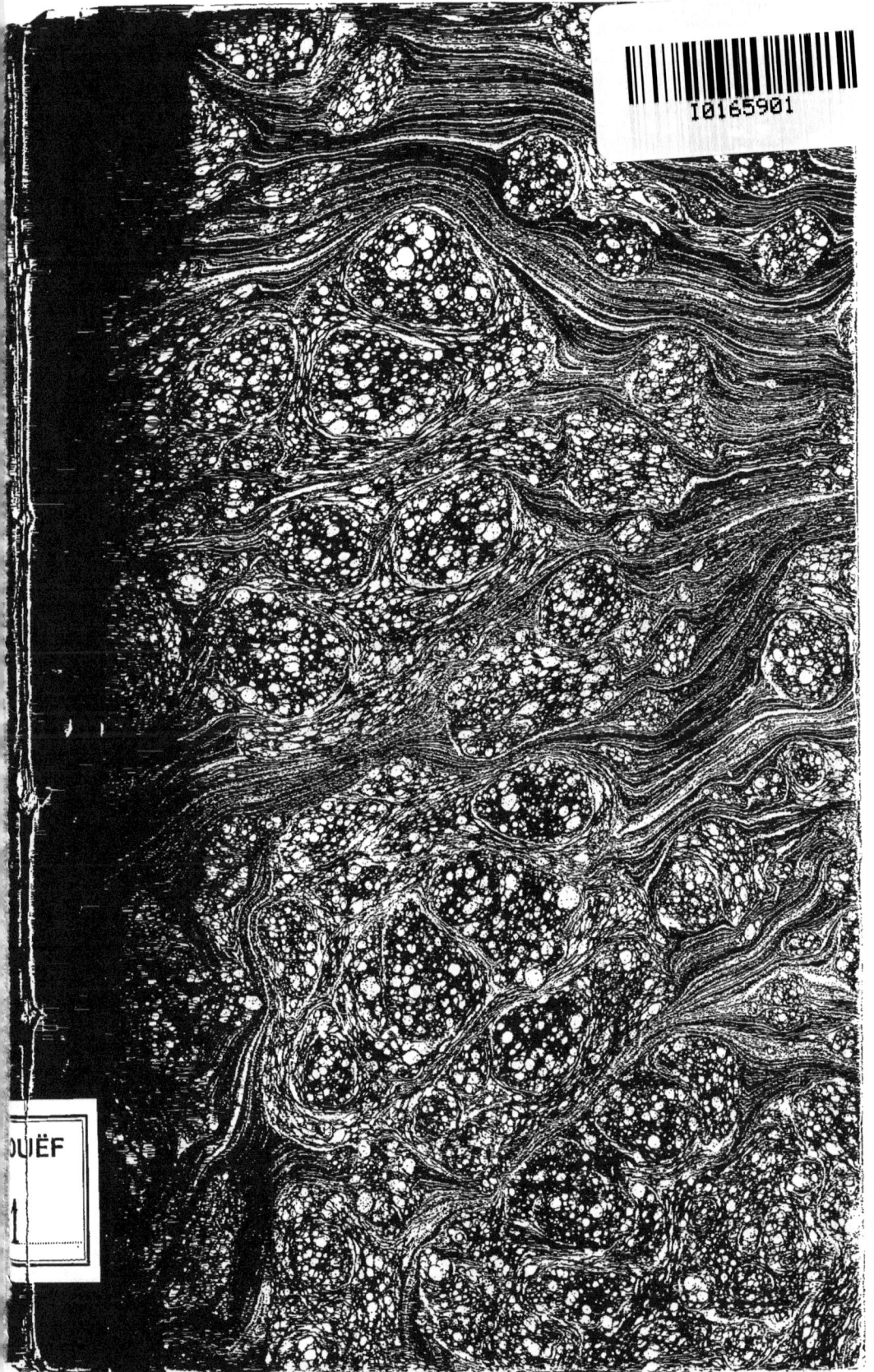

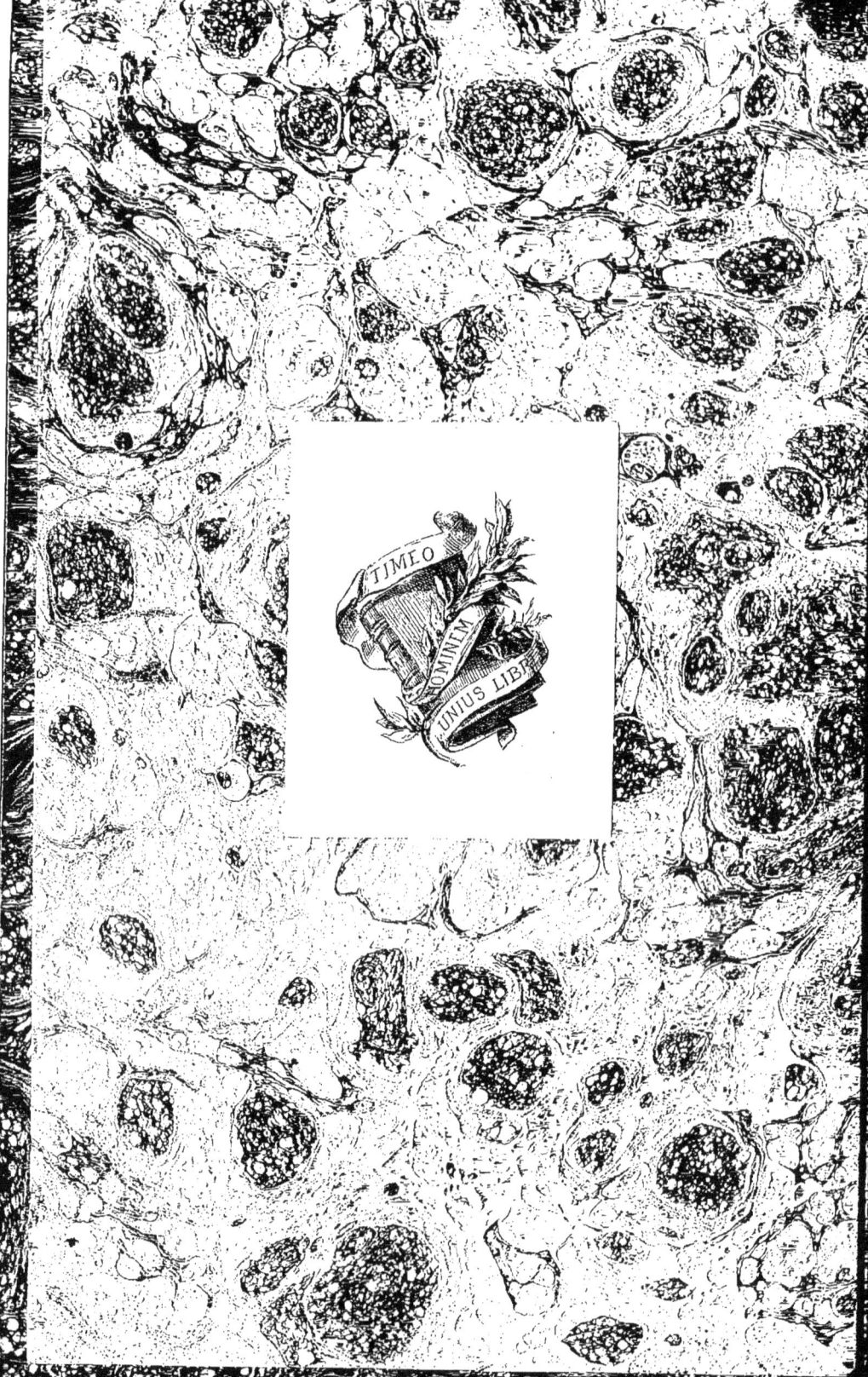

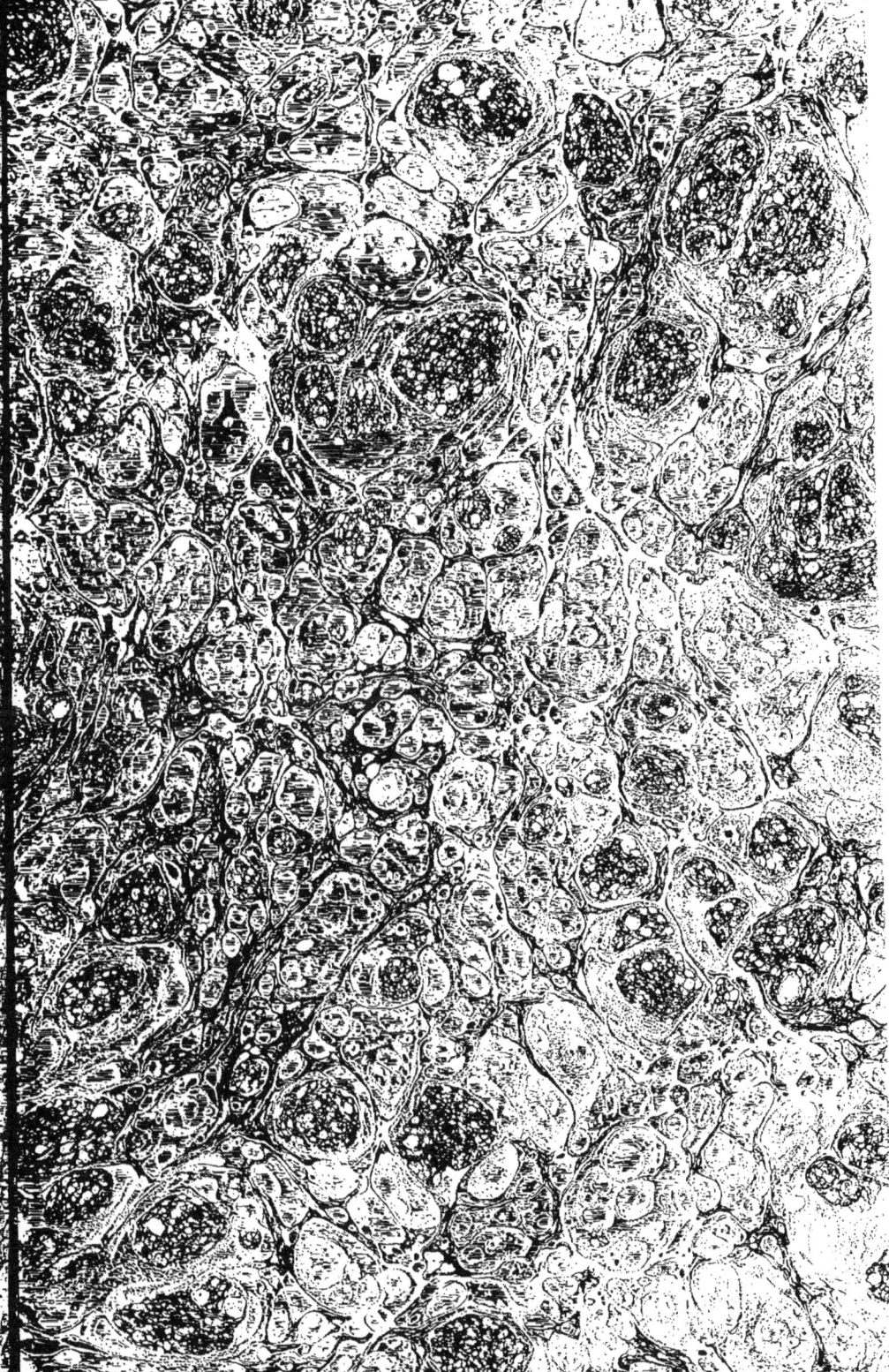

2789
V-2

2788

*Monsieur Stanislas Julien,
témoignage d'estime et d'amitié
C. Landresse*

ÉLÉMENS

DE LA

GRAMMAIRE JAPONAISE.

ÉLÉMENS

DE LA

GRAMMAIRE JAPONAISE,

PAR LE P. RODRIGUEZ;

Traduits du Portugais sur le Manuscrit de la *Bibliothèque du Roi*, et soigneusement collationnés avec la Grammaire publiée par le même auteur à Nagasaki en 1604,

PAR M. C. LANDRESSE,

MEMBRE DE LA SOCIÉTÉ ASIATIQUE;

Précédés d'une explication des *Syllabaires* japonais, et de deux planches contenant les signes de ces syllabaires,

PAR M. ABEL-RÉMUSAT.

OUVRAGE PUBLIÉ PAR LA SOCIÉTÉ ASIATIQUE.

PARIS,

A LA LIBRAIRIE ORIENTALE DE DONDEY-DUPRÉ PÈRE ET FILS,

IMP.-LIB. DE LA SOCIÉTÉ ASIATIQUE, ÉDITEURS-PROPRIÉTAIRES DU JOURNAL ASIATIQUE,
Rue Saint-Louis, n° 46, au Marais,
Et rue de Richelieu, n° 67, vis-à-vis la Bibliothèque du Roi.

1825.

IMPRIMERIE DE DONDEY-DUPRÉ.

AVANT-PROPOS.

Parmi les idiomes de l'Asie orientale, le japonais est encore un des moins connus. Personne, à l'exception de quelques missionnaires portugais de la fin du seizième siècle, et du commencement du dix-septième, n'en a fait encore l'objet d'une étude régulière et approfondie. Plusieurs voyageurs hollandais ont passé pour être en état de lire des livres japonais; mais l'intelligence qu'ils en avaient acquise n'allait pas jusqu'à pouvoir se passer du secours des interprètes de Nagasaki. Les seuls ouvrages dont on ait jusqu'ici pu tirer quelque parti, sont ceux qui sont écrits en chinois. Tous les autres, où les écritures syllabiques des Japonais sont mises en usage, et où les mots de leur langue sont employés conformément aux règles particulières de leur grammaire, sont restés indéchiffrables, et l'on est demeuré privé de la connaissance de bien des faits curieux pour les sciences, les arts, l'histoire et la géographie.

La Société Asiatique, que cette lacune fâcheuse dans nos connaissances philologiques avait frappée dès l'origine, s'est déterminée, dans la première année de son institution, à y remédier, par la publication d'une grammaire élémentaire, sur l'exactitude de laquelle les étudians pussent compter, et dont la brièveté fût propre à les encourager. L'effet contraire, produit par les grammaires japonaises qui ont été imprimées jusqu'à ce jour, peut être mis au nombre des causes qui ont retardé les progrès de cette branche de la littérature orientale.

Les Pères Alvarez (1), Rodriguez (2) et Collado (3), ont composé des grammaires japonaises fort étendues, mais à une époque où l'enseignement des langues étrangères était encore dans l'enfance. La multitude des règles que présentent ces grammaires, est plutôt un obstacle à l'étude du japonais qu'un secours utile pour en surmonter les difficultés. L'obscurité, la confusion, le désordre des notions qui y sont exposées, ont rebuté tous ceux qui ont voulu s'en servir; de sorte qu'on peut, sans trop de sévérité, compter comme n'existant pas, des traités si peu propres à remplir l'objet que s'étaient proposé leurs auteurs. On y est d'autant plus porté, que la grammaire du P. Collado, la plus imparfaite de toutes, ayant été imprimée à Rome, est la seule qu'il soit possible de se procurer. Les deux autres ont vu le jour au Japon même, et il n'en est venu en Europe qu'un très-petit nombre d'exemplaires.

Un extrait de la longue grammaire du P. Rodriguez, rédigé par l'auteur lui-même, après qu'il eut reconnu l'excessive prolixité de son premier ouvrage, a paru renfermé dans des limites plus appropriées aux besoins des commençans. C'est un manus-

---

(1) E. Alvarez *de Institutione Grammaticâ libri III*, *cum versione japonicâ*. In collegio S. J. Amacusano, 1593, in-4°.

(2) *Arte da Lingoa de Japam*, composta pello P. J. Rodriguez. Nangasaki, coll. da Comp. de Jesu, 1604, in-4°.

(3) *Ars Grammatica japonicæ linguæ*. Rom. 1632, in-4°.

crit, en portugais, sur papier de la Chine, de quatre-vingt-seize feuillets in-4°, rédigé à Macao, en 1620, et qui était destiné à l'impression, comme on l'apprend par les approbations des supérieurs qui avaient fait examiner l'ouvrage. Ce manuscrit, appartenant à la Bibliothèque du Roi, méritait de sortir de l'oubli où il était tombé : la Société Asiatique s'est déterminée à le faire traduire en français, et imprimer. M. Landresse, un de ses membres, déjà connu par d'heureux essais relatifs à la littérature chinoise, s'est chargé de ce travail fastidieux et difficile. Il a surmonté les obstacles que lui opposaient l'écriture du manuscrit et le style barbare et souvent inintelligible du P. Rodriguez, et sa persévérance lui a fourni les moyens de corriger un bon nombre d'endroits où s'étaient glissées des fautes, par la négligence du copiste ou de l'abréviateur.

On peut faire à l'abrégé de la grammaire de Rodriguez le même reproche qu'à la grande grammaire du même auteur, et aux deux autres traités du même genre qui ont été indiqués précédemment : le plan en est peu judicieux. Au lieu d'offrir une doctrine grammaticale fondée sur l'examen attentif des propriétés de la langue, considérée dans les livres ou dans le langage vulgaire, tous ces ouvrages ne présentent qu'un système étranger, emprunté de celui des grammairiens latins de leur tems, et où l'on a fait rentrer, d'une manière plus ou moins forcée, les formes spéciales de l'idiome japonais. C'était un usage universel alors : on enseignait les langues orientales dans des livres qui étaient de véritables rudimens, et la langue chinoise elle-même n'a pas été enseignée d'une autre manière, jusqu'à ces dernières années. Sous ce rapport, les élémens qu'on publie en ce moment laisseront encore désirer un autre traité, rédigé d'après la méthode philosophique qui s'est introduite dans l'étude des langues étrangères, et véritablement conforme au génie particulier de la langue japonaise. Mais, pour composer ce nouvel ouvrage, il faudra avoir acquis une connaissance approfondie de l'idiome des Japonais, et s'être familiarisé avec les monumens littéraires de cette nation singulière. Il est donc indispensable de s'aider des matériaux qui ont déjà été recueillis, pour se mettre en état de corriger plus tard ce que ces mêmes matériaux ont de défectueux. C'est un peloton dont il faut détacher le premier fil, certain d'arriver ensuite à le débrouiller tout entier.

Le défaut dont on vient de parler, n'est pas de ceux qu'un traducteur peut corriger sans refondre en entier l'ouvrage qui le présente; mais du moins il était facile, et il a paru nécessaire, d'en faire disparaître les traces les plus choquantes. Ainsi, l'on a supprimé certaines définitions surannées, certaines explications purement théoriques, qu'on n'ira jamais chercher dans un livre élémentaire, et qui, depuis long-tems, ont cessé d'être en rapport avec les principes de la grammaire générale. On a pris la liberté d'effacer quelques paragraphes où l'auteur, oubliant l'objet de son travail, se perdait en vains raisonnemens sur la nature des supins et des gérondifs, ou sur la construction du *que* retranché, ou de la question *quò*. Ceux qui prendront la peine de collationner l'édition qu'on offre ici avec le manuscrit original, reconnaîtront qu'il n'a été fait de suppressions qu'à l'égard de passages de ce genre, et que, partout ailleurs, on a conservé, avec un soin scrupuleux, les phrases mêmes du P. Rodriguez.

En convenant que ce missionnaire, dans l'extrait qu'il a fait de son grand ouvrage, avait su le plus souvent démêler et choisir les notions les plus importantes, au milieu de celles qui l'étaient moins, et qui n'étaient pas absolument nécessaires aux étudians, quelques personnes auraient pu regretter la suppression d'un certain nombre de détails qui ne sont pas indispensables, mais qu'on aime à retrouver, quand il s'agit d'une langue peu connue, et d'une littérature où tout est nouveau. Pour satisfaire ces personnes, on a collationné avec soin le manuscrit de la Bibliothèque du Roi, avec un exemplaire de la grammaire imprimée, qui a été obligeamment prêté à la Société Asiatique par feu M. Langlès. On s'est assuré par-là de la valeur précise des objets supprimés par l'abréviateur; et toutes les fois qu'on n'a point partagé les vues qui l'avaient dirigé dans son travail, on a rétabli, par extrait, les endroits qu'il avait passés sous silence. On s'est servi du même moyen pour marquer les variantes de l'orthographe des mots japonais, dont la lecture n'était pas toujours certaine dans le manuscrit, malgré son apparente netteté.

La division en paragraphes courts et numérotés, propre à favoriser les citations et les renvois, est une amélioration du traducteur. On lui doit aussi quelques transpositions, dont l'objet a été de mettre un peu d'ordre dans l'exposition des notions grammaticales. Il eût peut-être été à désirer qu'un plus grand nombre de changemens du même genre eussent pu être apportés au travail du P. Rodriguez; mais on aurait été contraint d'intervertir l'arrangement des matières, même dans la division générale du livre, et l'on a craint, en prenant cette liberté, de s'éloigner par trop de l'objet que la Société s'était proposé, et qui était de donner au public le manuscrit du missionnaire, tel qu'il existe à la Bibliothèque du Roi.

Un changement qu'il était indispensable d'y apporter, puisqu'on publiait l'ouvrage en français, a consisté dans la substitution de l'orthographe française à l'orthographe portugaise dans l'expression des mots japonais. Cette opération a été faite avec toutes les précautions possibles, d'après la connaissance qu'on avait du système orthographique des missionnaires portugais, et en en vérifiant les résultats, soit dans le dictionnaire du P. Collado, soit dans les ouvrages japonais originaux. La transcription des mots japonais est, grâce à ce soin, plus exacte et plus régulière dans notre édition, que dans le manuscrit ou dans l'édition de Nagasaki.

Les détails où le P. Rodriguez était entré sur les différentes écritures du Japon, contenaient beaucoup de choses obscures et inexactes, et d'ailleurs il ne s'était nullement occupé, non plus que les autres auteurs de grammaires japonaises, du soin de faire connaître les formes de ces écritures, et les règles qui sont relatives à la manière de les tracer et d'en combiner les élémens. Pour obvier à cet inconvénient, on a jugé à propos de remplacer cette partie de son travail, par une exposition où M. Abel-Rémusat a consigné le résultat de ses recherches particulières sur l'origine des syllabaires japonais. On y a joint les planches qui en contiennent le tableau, et sur lesquelles on verra, pour la première fois, la réunion complète de toutes les manières d'écrire qui sont en usage au Japon. Avec ces planches, il sera toujours facile de reconnaître, dans les ouvrages japonais, les mots cités en lettres françaises, et réciproquement, de transcrire les mos écrits avec les caractères originaux; car le japonais n'ayant que quarante-sept syllabes primitives assujetties à un petit nombre de permutations régulières, c'est de toutes les langues, peut-être, celle à laquelle il est le plus facile d'adapter un mode de transcription uniforme et invariable. Une demi-heure d'étude suffit pour apprendre à lire le syllabaire *Kata-Kana*, et aussitôt qu'on en connaît les signes, on est en état d'écrire les mots dont on sait la prononciation, de manière à les rendre lisibles à un Japonais. Les autres écritures offrent plus de difficultés, mais ces difficultés tiennent aux licences calligraphiques, et non pas au système orthographique, qui est également simple et invariable dans les trois formes du syllabaire.

L'emploi d'une écriture syllabique dérivée de l'écriture figurative des Chinois, et l'usage qu'on fait de cette dernière en l'appliquant à une langue pour laquelle elle n'avait pas été formée, sont deux phénomènes capables d'intéresser les hommes qui font, de l'étude des langues, un sujet de méditations philosophiques. La grammaire même offre plusieurs autres particularités non moins dignes de leur attention, et ce doit être, pour plusieurs personnes, un motif suffisant de prendre connaissance des principes d'un idiome véritablement singulier, surtout dans un moment, où l'attention qui s'est portée sur le système de l'écriture et de la grammaire des anciens Égyptiens, doit se fixer plus particulièrement sur les faits du même genre qu'il est possible de recueillir dans les langues asiatiques. Indépendamment de cet avantage, beaucoup de livres japonais sur des matières d'une haute importance, existent dans les collections publiques et particulières. A la vérité, il en est plusieurs qui sont composés en chinois, et dont on peut, dès à présent, apprécier le contenu; mais dans ces derniers mêmes, il y a des parties écrites en japonais : ce sont les notes, les commentaires, les explications de toute espèce. Un certain nombre d'autres livres sont exclusivement rédigés en japonais, avec les caractères et les formes grammaticales particulières à cet idiome, et ceux-là sont restés jusqu'ici absolument inaccessibles aux recherches des savans. On doit donc désirer que les uns et les autres deviennent enfin l'objet d'un examen sérieux, et l'on a droit d'espérer que la publication de cette grammaire contribuera puissamment à introduire parmi nous cette nouvelle branche d'étude, et nous ouvrir ainsi une nouvelle source de lumières. L'un des premiers objets que la Société Asiatique ait eus en vue se trouvera ainsi rempli, et ce succès sera d'un heureux augure pour les autres travaux qu'elle a entrepris.

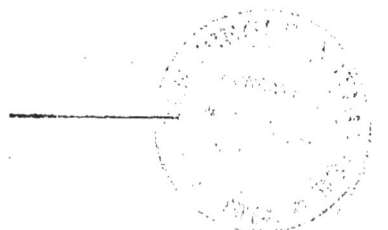

EXPLICATION
DES SYLLABAIRES JAPONAIS.

LES Japonais ont reçu des Chinois l'usage de cette écriture figurative, étrangère, jusqu'à un certain point, à la représentation des sons, et où les caractères, simples ou composés, parlent directement à l'esprit, par des images prises dans un sens propre ou métaphorique. L'étude de cette espèce de signes et des règles grammaticales qui président à l'emploi qu'on en fait, entre dans le système de l'éducation que reçoivent au Japon tous les hommes destinés aux professions libérales. On se sert aussi des mêmes caractères pour composer des ouvrages d'histoire, de philosophie, de haute littérature. Quand un Japonais lit un livre écrit de cette manière, il attache à chaque caractère une prononciation conforme à celle des Chinois, ou légèrement altérée, principalement par la suppression de quelques nasales, ou l'adoucissement de certaines consonnes; par exemple :

Au lieu de	*Thian* (ciel),	il prononce	*ten.*
——	*Youeï* (lune)	——	*goua.*
——	*Foung* (vent),	——	*fou.*
——	*Ping* (glace),	——	*fiao.*
——	*Jin* (homme),	——	*nin.*
——	*Koung* (prince),	——	*koo.*
——	*Fo* (bouddho)	——	*bouts.*
——	*Pe* (blanc),	——	*fak.*
——	*Wang* (roi),	——	*oo.*
——	*Li* (lieu),	——	*ri.*
——	*Seng* (religieux),	——	*soo,* etc.

EXPLICATION.

Mais pour écrire les sons particuliers à la langue japonaise, on se sert de deux syllabaires, composés de quarante-sept signes qui se correspondent un à un dans l'un et dans l'autre, et que l'on nomme *I-ro-fa*, nom qui dérive de la valeur des premières syllabes, comme chez nous le mot d'*alphabet*.

On attribue l'invention du premier de ces syllabaires à un religieux nommé Kobo-daïsi, chef de la secte des *sin-gon-you*, lequel vivait vers l'an 810 de J. C. Comme l'usage des caractères chinois était incommode pour les personnes peu instruites, Kobo-daïsi fit choix de quarante-sept de ces caractères, propres à représenter des syllabes japonaises; il dépouilla ces caractères de leur valeur figurative ou métaphorique; il choisit, parmi les divers styles de l'écriture chinoise, celle des formes qu'on nomme *thsao*, où *cursives*, et le syllabaire qu'il composa ainsi, se nomme *kana*, *fira-gana*, ou *firo-kana*. C'est celui dont les différentes variations sont comprises dans la colonne moyenne sur les deux planches ci-jointes. Les femmes, les gens du peuple, et les lettrés eux-mêmes les emploient pour écrire les choses les plus ordinaires, et composer des livres en langue japonaise, tels que des romans, des recueils de poésies, et d'autres ouvrages de littérature légère. La principale difficulté que présente cette écriture provient des ligatures par lesquelles on réunit souvent plusieurs syllabes, et des abréviations qui en altèrent les formes (1).

Vers la même époque, un lettré de la secte de Youto, nommé Kibiko, composa un autre syllabaire, pareillement formé de quarante-sept signes, répondant aux mêmes syllabes, et disposés dans le même ordre. Ce ne furent plus les caractères *thsao* qui servirent de modèles à cette nouvelle écriture, mais les caractères carrés, dont on abrégea seulement les formes pour les réduire à des élémens simples, aisés à reconnaître, et invariables. Cette écriture, qui sert pour les notes, les gloses, les explications interlinéaires, et quelques autres usages du même genre, est extrêmement facile à apprendre. On la nomme *kata-kana*. J'en ai fait graver les signes pour l'impression de mon analyse de l'*Encyclopédie japonaise* (2). On la trouvera dans la colonne supérieure des planches ci-jointes.

---

(1) Duret (*Trésor de l'histoire des langues*, p. 913 sqq.), a donné le premier, dès 1619, un syllabaire *firo-kana*, dont les formes ne sont pas très-inexactes, mais où les valeurs sont interverties, et appliquées de la manière la plus fautive. Celui que Kæmpfer a publié (§. II, tab. XLV). sous les deux titres de *Firo-kana* et de *Yamatto-kana*, est assez bien gravé, mais incomplet. Il a été reproduit dans l'*Encyclopédie*.

(2) Dans le tom. XI de la collection des *Notices et Extraits des Manuscrits*. On y trouvera

L'invention des deux syllabaires dont je viens de parler, n'empêche pas qu'en bien des cas on n'emploie les caractères chinois sous leur forme primitive, non plus avec leur valeur figurative, mais comme signes des sons ou syllabes qui leur tiennent lieu de prononciation. C'est là, on ne peut en douter, ce qui a donné lieu à la composition des syllabaires proprement dits. Dans l'*Encyclopédie japonaise*, et dans plusieurs autres ouvrages, les noms sont souvent écrits en caractères chinois, pris de cette manière ; le nombre de ceux qu'on emploie ainsi pour chaque syllabe n'est pas limité ; ce qu'on observe également en *firo-kana*. Je donne, dans la colonne inférieure des planches, les caractères chinois que j'ai trouvés adaptés à cet usage dans les livres japonais que j'ai examinés.

Les trois écritures en question ont, comme on le voit, une origine commune. L'ordre des signes y est identique. Les principes d'après lesquels on les combine sont les mêmes pour toutes trois. On peut donc indifféremment appliquer aux caractères chinois, pris comme signes de sons japonais, et aux syllabaires *firo-kana* et *kata-kana*, les règles suivantes, dans l'exposition desquelles je me sers, pour plus de facilité, des transcriptions en lettres françaises, telles qu'elles sont données sur les tableaux. A l'aide de ces derniers, il sera très-facile de rétablir les syllabes japonaises, sous la forme qu'elles revêtent dans les livres originaux.

L'ordre des quarante-sept syllabes japonaises paraît arbitraire. Il est possible que la disposition qu'on a coutume d'observer tienne à quelque phrase technique, destinée à soulager la mémoire des étudians. On les lit ainsi de droite à gauche, et en lignes verticales :

ye	a	ya	ra	yo	tsi	i
fi	sa	ma	mbu	ta	ri	ro
mo	ki	ke	ou	re	nou	fa
se	you	fou	i	so	rou	ni
sou	me	ko	no	tsou	o	fo
	mi	ye	wo	ne	wa	fe
	si	te	kou	na	ka	to

On peut encore disposer ces syllabes dans l'ordre des cinq voyelles ou sons, *go-yin*, qui sont *a, i, ou, ye, wo*. On en compte alors cinquante, parce qu'il y

---

aussi sur les écritures du Japon quelques détails que je crois superflu de répéter ici, et qui ont pour objet de faire connaître l'origine de ces syllabaires, les altérations qu'ils ont subies, et les usages variés qu'on en fait, soit isolément, soit en les mélangeant avec les caractères chinois.

en a plusieurs qui peuvent indifféremment trouver place dans plusieurs colonnes.

ro	fé	nou	i	fa
fo	re	rou	ni	wa
to	ne	tsou	tsi	ka
o	ke	mou	ri	ta
yo	ye	ou	i	na
so	te	kou	ki	ra
no	me	fou	mi	ya
wo	ye	you	si	ma
ko	se	sou	fi	a
mo	tie (tsi)	wo	ye	sa

Les missionnaires catholiques et quelques auteurs hollandais ont imaginé un troisième ordre, qui consiste à arranger ces mêmes syllabes conformément à l'alphabet européen. Je crois tout-à-fait inutile d'indiquer ici cette disposition qui est étrangère à l'écriture japonaise, et qui n'est d'aucun usage pour nous.

Les quarante-sept syllabes de l'*I-ro-fa* sont nommées *soumi* (claires, pures) quand on les emploie isolément. On les combine deux à deux ou trois à trois pour former les syllabes complexes qu'on nomme *nigori* (troublées, altérées, changées). Cette distinction est imitée des grammairiens chinois, qui en ont adopté une toute semblable, comme on peut le voir dans le *Dictionnaire de Khang-hi*. Les altérations euphoniques, les combinaisons de syllabes et les prononciations modifiées qui en résultent, sont exposées dans les tableaux qui suivent.

Altération par adoucissement.

fa	ba	ka	ga	ke	ge	ki	gi
fo	bo	ta	da	fou	bou	si	zi
fé	be	so	zo	ko	go	fi	bi
to	do	tsou	dzou	te	de	se	ze
tsi	dzi	kou	gou	sa	za	sou	zou

Dans le syllabaire *kata-kana*, et quelquefois dans les autres, l'adoucissement se marque par l'addition de deux points à droite du signe syllabique.

Altération dans les mots étrangers.

fa	pa	fou	pou
fo	po	fi	pi
fe	pe	ka	nga, etc.

DES SYLLABAIRES JAPONAIS.

Dans le syllabaire *kata-kana*, ce changement se marque par l'addition d'un petit cercle à droite du signe syllabique.

Syllabes combinées deux à deux.

Tsi-ya	tcha	Si-you	chou, etc.
Tsi-yo	tcho	Fi-yo	fio
Tsi-you	tchou, etc.	Ki-yo	kio
Ni-ya	ña	Ri-yo	rio
Ni-yo	ño	Ke-fou	keô
Ni-you	ñou, etc.	Na-fou	naô
Si-ya	cha	Ki-fou	kioû, etc.
Si-yo	cho		

Syllabes combinées trois à trois.

Kou-wa-ou	kouo	Ko-ko-fou	kokf
Ki-ya-ou	kio	Fi-ya-kou	fiak
Ki-ou-fou	kiou	Si-ya-tsou	chats
Ni-ya-ou	ñô	Tsi-ya-mou	djan, etc., etc.
Ni-you-fou	ñou		

Syllabes finales qui perdent leurs voyelles.

Fa-tsou	fats, fat,	Fa-mou	fan (1)
Ka-tsou	kats, kat,	Ka-mou	kan
Ma-tsou	mats, mat, etc.	Ra-mou	ran, etc.

Outre les signes des quarante-sept syllabes, il y a, dans les deux syllabaires, un signe qui marque la réduplication d'une même syllabe ou d'un même mot, et une sorte de trait d'union qui indique le cas où plusieurs mots doivent être construits ensemble pour concourir à un sens unique.

On ne doit pas oublier que les mots japonais ayant été, à différentes époques, transcrits par les Portugais, les Hollandais et les Russes, la prononciation de chacun de ces peuples en a diversement altéré l'orthographe. Kæmpfer, Thunberg et Titsingh écrivent presque toujours *tie* pour *tsi*, *zio* pour *djo*, *ja* pour *ya*,

---

(1) Dans l'écriture *kata-kana* on a assigné une forme particulière, dérivée de celle de la syllabe *ni*, à cette nasale. Il y en a pareillement une dans l'écriture *firo-kana*; elle est prise de celle de la syllabe *nou*.

zia pour *dja*, etc. Il paraît aussi qu'il y a, au Japon même, des prononciations qui varient d'une province à l'autre : le *h* et le *f*, le *r* et le *l*, se permutent en différentes circonstances.

Il y a encore d'autres altérations euphoniques qui tiennent au groupement des syllabes, et qui influent particulièrement sur l'accentuation. Comme elles ne modifient que très-légèrement la prononciation, et qu'elles disparaîtraient tout-à-fait dans les mots transcrits en lettres européennes, je crois qu'il serait superflu de les indiquer. Les règles précédentes suffiront pour ceux qui veulent lire les livres japonais, et y chercher l'application des principes élémentaires enseignés par le P. Rodriguez.   A.-R.

PRÉFACE DE L'AUTEUR.

Dans la *Grande Grammaire*, qui a été imprimée (1), je me suis un peu étendu sur l'explication de quelques règles, afin de faire mieux comprendre les principales difficultés de la langue japonaise, si différente, pour l'usage, des langues européennes, et suivant, pour la construction de la phrase, des règles si opposées. Je l'ai fait aussi, parce que la plupart de ceux qui étudient cette grammaire sont des personnes d'un âge mûr, et versées dans la connaissance des lettres, qui, après s'être exercées pendant quelque tems, se rendent raison de ce qu'elles apprennent, et ne se contentent point de quelques préceptes ou règles, qui n'embrassent pas la plus grande partie des difficultés de la langue; enfin, je l'ai fait pour que les maîtres qui enseignent cette langue trouvent réunis un grand nombre de principes fixes et certains, que l'on ne peut recueillir que par la lecture des auteurs, et sans beaucoup de travaux et

---

(1) Voici le titre de cet ouvrage : *Arte da lingoa de Japam composta pello padre Joam Rodriguez Portugues da companhia de Jesu, divida em tres livros.— Com licença de ordinario, e superiores. — Em Nangasaqui no collegio de Japam da companhia de Jesu. — Anno* 1604. Cet ouvrage, imprimé sur papier du pays, est un grand in-8° de 240 feuillets, y compris la table, mais non compris le titre, le privilége, la préface et l'avertissement. Le privilége, daté du 22 avril 1604, se trouve au *recto* du deuxième feuillet; les approbations sont au *verso*. La préface, signée de l'auteur, occupe le troisième feuillet; l'avertissement vient ensuite, en deux feuillets : la totalité du volume est donc de 245 feuillets, signatures A.—Ooo 2. On lit à la fin de la table : *Com licença do ordinario, e superiores em Nangasaqui no collegio de Japam da companhia de Jesu. — Anno* 1604. On a donc été quatre ans pour imprimer cet ouvrage, en caractères italiques fort mauvais. L'impression non-seulement n'est pas nette, elle est encore très-fautive, et souvent un seul et même mot se trouve coupé et séparé en deux, tandis que deux mots se trouvent joints ensemble et paraissent n'en former qu'un seul.

d'étude. Mais comme cette variété de règles et de préceptes pourrait causer quelque confusion dans l'esprit des commençans, il m'a paru utile de faire, ainsi que je l'avais promis, et d'après un nouvel ordre de notre supérieur, un extrait de cette grammaire pouvant servir aux commençans, comme d'introduction à cette dernière, qui deviendra alors d'une grande utilité pour tous ceux qui en auront étudié l'abrégé, où certains endroits de la grande grammaire qui ont paru un peu obscurs à quelques personnes, sont expliqués plus clairement.

Cet abrégé se divise en trois livres (1) : le premier contient quelques notions générales sur la langue japonaise et sur la manière de l'apprendre, les déclinaisons et les conjugaisons ; le second comprend les rudimens des parties du discours, et quelques préceptes pour commencer à composer ; enfin, l'on trouve dans la troisième partie quelques règles particulières à la langue écrite, et plusieurs autres choses utiles pour l'intelligence des livres ; et comme notre intention n'est que de faciliter seulement l'étude des premiers principes de la langue japonaise, nous renvoyons, pour toute le reste des règles et préceptes, à ce que l'on en dit d'une manière plus étendue dans la grande grammaire.

---

(1) Nous n'avons pas entièrement suivi l'ordre adopté par le P. Rodriguez, et nous n'avons fait que deux parties, en réunissant au premier livre tout ce qui a rapport aux premiers élémens de la langue écrite, ce qui, dans l'ouvrage du P. Rodriguez, fait le commencement de la troisième partie ; en sorte que ces premiers principes se trouvent placés presqu'à la fin de sa grammaire. La suite et la fin de cette troisième partie, devenue, par cette transposition, trop courte pour former une troisième division, se trouve placée immédiatement après le second livre.

ÉLÉMENS

DE

LA GRAMMAIRE JAPONAISE.

LIVRE PREMIER.

PROLÉGOMÈNES.

NOTICE GÉNÉRALE SUR LA LANGUE JAPONAISE.

§ 1er. LES caractères chinois, ainsi que le rapporte l'histoire, s'introduisirent au Japon vers l'an 285, ou selon d'autres, 290 de Jésus-Christ, la quinzième ou la vingtième année de leur seizième roi, nommé *Voyin Tenno*, ou autrement *Fatsiman Daïbosat*. Avant cette époque, les Japonais ne se servaient pas de ces caractères ; ils adoptèrent en même tems les noms chinois de ces lettres ou figures, lesquels ne consistent ordinairement qu'en une seule syllabe, et quelquefois en deux. (V. § 109.)

Chacun de ces caractères se prononce de deux manières ; d'abord comme en chinois, avec une légère altération, à cause de la prononciation japonaise, et cet idiome se nomme *Koye*, ce qui signifie *voix* ou *mot chinois*. L'autre manière de prononcer est japonaise, et s'appelle *Yomi* (1), ce qui veut dire *interprétation, sens du mot Koye*. Ainsi, par exemple, *ten*, *chi*, *jin* ou *nin* sont des mots de *koye*, qui signifient *ciel*, *terre* et *homme* ; les mots *ame*, *tsoutsi*, *fito*, sont le *yomi* de ce *koye*, c'est-à-

---

(1) L'imprimé dit tout le contraire, et, selon lui, le *Koye* est la langue naturelle du Japon, tandis que le *Yomi* est l'idiome chinois. Autorisé, pour ainsi dire, par les avis du savant Professeur, qui a bien voulu me servir de guide dans ce travail, avis confirmés d'ailleurs par de nombreux exemples, j'ai dû adopter, en toute confiance, la version du manuscrit.

dire qu'ils ont la même signification en japonais, que les trois premiers en chinois. (§ 68.)

A cause de ces deux espèces de mots, *yomi* et *koye*, les Japonais ont trois sortes de dialectes; le premier est de pur *yomi*, sans aucun mélange de *koye;* c'est la langue naturelle et primitive de la nation; c'est celle dont ils se servent aujourd'hui pour la poésie (1) et pour les livres de littérature légère, tels que *ghenii monogatari, ize monogatari*, et autres.

Le second dialecte est de pur *koye;* les bonzes l'emploient dans leurs livres religieux.

Le troisième dialecte est un mélange de *yomi* et de *koye:* c'est la langue vulgaire de l'empire. Cependant il faut observer que le langage ordinaire, celui qui est d'un usage commun, n'est guère composé que de *yomi*, avec quelque mélange de *koye;* tandis que dans le style littéraire et oratoire, ainsi que dans les dissertations, il y a beaucoup plus de *koye* que de *yomi*. (§ 107.)

§ 2. Les Japonais ont, comme les Chinois, deux sortes de styles, qui sont propres, l'un à la littérature, et l'autre au langage : ainsi il serait aussi ridicule de se servir en écrivant de la langue parlée, que de faire usage en parlant de la langue écrite. Cependant cette dernière est entendue de presque tout le monde, les principes grammaticaux et l'accord des parties du discours étant au fond à peu près les mêmes; et ces deux styles différant surtout l'un de l'autre par les tournures de phrase, par le sens des mots, par les tems et les modes des verbes, enfin par l'emploi d'un grand nombre de particules, les unes pour la langue parlée, les autres pour la langue écrite. (§ 85 et 108.)

§ 3. Les noms japonais sont indéclinables : un seul mot sert à exprimer le singulier et le pluriel. On distingue les nombres et les cas, soit par certaines particules, qui se placent après le nom, soit par l'accord de ce dernier avec l'antécédent et le conséquent, soit par ce que veut le verbe qui les régit. (§ 7, 8, 9 et 10.)

Les verbes n'ont de même, pour chaque tems et pour chaque mode, qu'un seul mot servant pour toutes les personnes des deux nombres.

§ 4. Quand les Japonais écrivent en caractères chinois, sans le con-

---

(1) Il faut distinguer la poésie chinoise de la poésie japonaise. L'une porte le nom de *Chi* et de *Rengou;* l'autre s'appelle *Outa, renga*. (§ 112.)

cours des lettres *kana* ou *katakana* (1), la langue *yomi* (dans laquelle on comprend le dialecte composé de *koye* et de *yomi*) et la langue *koye* suivent le même ordre de construction, pour les parties du discours lues ou parlées. Le *koye*, qui est proprement la langue chinoise, se construit, dans le langage comme dans l'écriture, en mettant en premier lieu les particules marquant opposition, quand il y en a ; ensuite les particules négatives, et, après elles, celles qui marquent la différence du tems futur. Le verbe vient ensuite, et à la fin les cas du verbe.

Le *yomi*, qui est la langue naturelle du Japon, suit un ordre tout contraire. On place d'abord les cas régis par le verbe, ensuite le verbe, les particules *de tems*, les particules négatives, et enfin les particules marquant opposition, en finissant par où commence une phrase de *koye*. C'est pourquoi, quand les Japonais traduisent un livre chinois en *yomi*, ils retournent la phrase en sautant d'un mot à l'autre, et vont chercher celui qui la termine, pour faire mieux connaître le sens et l'expression de chacun d'eux. (§ 87.)

§ 5. Il y a en *yomi*, pour les verbes et pour les noms (§ 103, 104). différens degrés d'honnêteté, de politesse et d'humilité, pour lesquels tous les tems et tous les modes des verbes ont des mots particuliers, plus ou moins honorifiques, ou plus ou moins humbles, selon que l'on parle de personnes ou avec des personnes supérieures ou inférieures. Il y a de même des particules qui se joignent élégamment aux noms, pour exprimer le respect et l'humilité. Lorsque l'on fait usage de ces sortes de verbes et de particules, l'on a toujours égard à la personne avec laquelle, de laquelle, et en présence de laquelle on parle, ainsi que de la chose dont il s'agit. (§ 78.)

§ 6. La littérature japonaise se divise en plusieurs classes. Dans la première sont rangés les *mai* et les *sozi*, ouvrages d'un style simple et facile, qui se rapprochent le plus du langage habituel. La deuxième classe comprend les vies des religieux, qui portent le titre de *Senyiso*, et qui sont composées par les *Saiyghiofosi* et *Samono zomei;* ces dernières, que l'on nomme *fozinyou*, sont aussi de la deuxième classe. La troisième contient les ouvrages qui portent le nom de *Monogatari*, c'est-à-dire *histoire;* tels que *Feike monogatari*, *Fóghen feigi monogatari*, qui sont considérés

---

(1) Voyez, relativement à ces lettres, l'introduction de M. Abel-Rémusat.

comme les meilleurs et les mieux écrits. Enfin l'on met dans la quatrième classe les histoires écrites d'une manière grave, et du style le plus élevé; on les connaît sous le nom de *Taifeiki*. (§ 110 et 111.)

De la déclinaison des noms substantifs (§ 70) *et des pronoms primitifs.*

§ 7. Nous avons dit (§ 5) que les substantifs et les pronoms étaient indéclinables; qu'un même mot servait pour le singulier comme pour le pluriel; et que la distinction des cas et des nombres se faisait en mettant devant les noms certaines particules, ou articles, qui répondent aux cas des Latins, à l'exception du nominatif et du vocatif, qui s'emploient toujours sans aucune particule, au singulier et au pluriel.

Les particules servant à distinguer les cas sont *wa, ga, no, yori*. Les deux premières sont d'un usage plus habituel que les deux autres, qui ont un emploi particulier. *Wa* est démonstratif; il répond à l'article *le, la, es,* et à cette façon de parler, *quant à cela;* il se joint, comme déterminatif, aux articles de tous les cas. *Ga* s'emploie comme pronom de la troisième personne, pour les inférieurs, et comme pronom de la première, par humilité. *No* sert pour les seconde et troisième personnes, à l'égard des supérieurs. *Yori* exprime un certain rapport, comme *à quo* ou *ex quo*.

No et *Ga* servent pour le génitif; *No* pour toutes les personnes, et *Ga* comme pronom de la première personne et pour les inférieurs. *Ni* et *Ye* marquent le datif, et expriment aussi le mouvement, *ad quem*. *Wo, woba* et *wa*, pour *waba*, marquent l'accusatif. *Ikani* et *no* servent pour le vocatif, mais le plus souvent on ne les emploie pas. *Yori, kara, ni*, indiquent l'ablatif. Les deux premières sont d'un usage habituel; la dernière sert en particulier pour les verbes passifs. Exemples : *Pedroni korosareta*, tué par Pierre. *Fotoni damasareta*, il fut trompé par un autre.

Chacune de ces particules s'emploie d'une manière qui lui est propre, et acquiert une force plus ou moins grande, selon les différens degrés d'honneur et d'humilité; car, à l'exception des particules de l'accusatif, qui n'ont aucun de ces rapports, toutes les autres servent à marquer le respect ou l'humilité. (§ 84 et 85.)

§ 8. Le pluriel se marque de plusieurs manières; d'abord par le nom

LIVRE PREMIER.

indéclinable du singulier, avec ou sans articles ; ensuite, par ce qui précède et ce qui suit ce mot, on voit si l'on parle de beaucoup ou de peu ; enfin il s'exprime par la répétition du même mot, en altérant ou non le mot que l'on répète. Exemples : *fitobito*, les hommes, pour *fito-fito*; *kouigouni*, les royaumes ; *tabitabi* ou *dodo*, plusieurs fois ; *feradera*, les temples ; *samazama* ou *iroiro*, plusieurs sortes.

On distingue encore le pluriel du singulier, en plaçant, immédiatement après les articles, l'une des quatre particules *tatsi*, *sou*, *domo*, *ra*, suivant que l'on veut exprimer le respect ou l'humilité. Les deux premières servent seulement pour les hommes, et les deux autres sont communes aux hommes et aux êtres inanimés. *Tatsi* sert pour parler à la deuxième et à la troisième personne, de la manière la plus respectueuse. *Sou* indique moins de respect. *Domo* s'emploie pour les inférieurs, à la première comme à la seconde et à la troisième personne. *Ra* s'emploie à la première personne, quand on s'humilie devant les autres en parlant de soi. Il sert aussi à la seconde et à la troisième personne, quand on parle de gens dont on fait peu de cas.

§ 9. *Déclinaison pour tous les noms substantifs et pour les pronoms primitifs.*

SINGULIER.

Nom.	*Fito*, ou *Fitowa*, *Fitoga*,	Homme, l'Homme.
Gén.	*Fitono*, ou *Fitoga*,	de l'Homme.
Datif.	*Fitoni*, ou *Fitoye*,	à l'Homme.
Accus.	*Fitowo*, ou *Fitowa*,	l'Homme.
Voc.	*Fito*, ou *ikani Fito*,	ô Homme !
Ablat.	*Fitoyori*, *Fitokara*, *Fitoni*,	de l'Homme.

PLURIEL.

Nom.	*Fito*, *Fitowa*, *Fitobito*, *Fitotatsiwa*, *Fitodomo*,	les Hommes.
Gén.	*Fitono*, ou *Fitotatsino*,	des Hommes.
Datif.	*Fitoni*, ou *Fitotatsini*, ou *ye*,	aux Hommes, pour les Hommes.
Accus.	*Fitowo*, ou *Fitotatsiwo*, ou *woba*,	les Hommes.
Voc.	*Fito*, ou *Fitobito*, *ikanifito*, ou *ikanifitotatsi*,	ô Hommes !
Ablat.	*Fitoyori*, *Fitotatsiyori*, *Fitotatsi kara*, ou *ni*,	des Hommes.

§. 10. La particule *wa*, qui est la marque du déterminatif, se place après les cinq cas suivans.

Nom. *Fitowa*, l'Homme, quant à l'Homme.
Gén. *Fitonowa*, de l'Homme, pour exprimer une chose que l'on rappelle, ou à laquelle on se reporte; comme quand nous disons : *Mon livre est bon, celui de Pierre est mauvais.*
Datif. *Fitoniwa*, ou *Fitoyewa*, à l'Homme.
Accus. *Fitowoba*, l'Homme.
Abl. *Fito yoriwa*, *Fito karawa*, *Fitoniwa*, de l'Homme.

Des adjectifs. (§ 71.)

§ 11. Les mots japonais, qui sont proprement des adjectifs, n'ont point de déclinaison particulière; ils prennent, comme les substantifs, des articles et des particules; mais quand un adjectif est joint à un nom substantif, il s'accorde en cas avec lui, et se place devant. (§ 92.)

Il y a deux sortes d'adjectifs; les uns sont proprement des adjectifs indéclinables, qui se placent toujours avant les substantifs; les autres sont des *verbes anomaux* (§ 55), particuliers à la langue japonaise, qui expriment en un seul mot un nom adjectif et le verbe substantif *être* (1), avec quelque chose de sous-entendu avant et après. Ces verbes anomaux ont une conjugaison particulière, comme tous les autres verbes.

Les syllabes qui terminent ces verbes adjectifs sont au nombre de six; savoir : *ai, ei, ü, oi, oui, na* ou *narou*. Les cinq premiers prennent en outre, dans la langue écrite, la terminaison *ki*.

Le présent de ces verbes anomaux, placé devant quelque substantif, répond à un adjectif, quoiqu'il n'en soit pas un, et alors la phrase est relative. Ainsi nous disons *montagne élevée*, tandis qu'en japonais on dit :

Takai yama, la montagne qui est élevée.
Sighei ki, arbres touffus, *ou* arbres qui sont touffus.
Atarasy iye, maison neuve, *ou* maison qui est neuve.
Yoi fito, bon homme, *ou* homme qui est bon.
Nouroui fito, homme faible, *ou* homme qui est faible.
Akirakana dori, ou *Akiratanarou dori*, raison claire, *ou* raison qui est claire.

§ 12. Il y a un autre mot, qui est proprement le radical de ces verbes

---

(1) Les exemples feront voir que ces *verbes anomaux* ne sont autres que des noms verbaux, ou participes. (§ 55.)

adjectifs, et qui se termine par l'une des diphtongues, ò, ó, eô, ioú, où, ni. Les verbes terminés en

  Ai, font *ô*, comme *Takai*, *Takô*.
  Ei, fait *eô*, comme *Sighei*, *Sigheô*.
  Ii, fait *ioú*, comme *Atarasii*, *Atarasioú*.
  Oi, fait *ô*, comme *Yoi*, *yô*.
  Oui, fait *oú*, comme *Nouroui*, *nouroú*.
  Na, ou *Narou*, fait *ni*, comme *Akirakana*, *akirakani*.

Dans la langue écrite, le radical des cinq premiers verbes se termine en *kou*, en perdant le dernier *i*, comme *takakou*, *sighekou*, *atarasikou*, *yokou*, *nouroukou*.

Les mots qui se terminent, au radical, par l'une de ces six désinences, ne se joignent jamais aux substantifs ; mais ils se mettent toujours devant les autres verbes, et, lorsqu'ils les précèdent immédiatement, ils n'expriment plus un nom adjectif, ils marquent le mode de l'action du verbe auquel ils sont joints : ce que nous rendons communément par un adverbe. Il en est de même des radicaux de tous les autres verbes, quand ils sont immédiatement placés devant un verbe. Exemples :

  Sigheô miyarou, il paraît souvent.
  Atarasioú sourou, faire de nouveau.
  Niboú fazirou, aller lentement.
  Akirakani you, parler distinctement. (§ 71.)

Des adjectifs proprement dits.

§ 13. Les mots japonais, qui sont proprement des adjectifs, se divisent en trois classes ; dans la première sont ceux qui se forment de verbes adjectifs terminés en *ai*, *ei*, *oi*, *oui*, en perdant le dernier *i* du présent de l'indicatif, à l'exception de quelques-uns de ceux terminés en *oi*, qui changent *oi* en *a*. Exemples :

AI....
 Foukai, être profond : *Foukade*, blessure profonde.
 Takai, être haut : *Takayama*, montagne haute.
 Akai, être rouge...
  Akafige, barbe rouge.
  Akago, enfant vermeil, ou né depuis peu.
  Akagi, fond vermeil, ou pièces de soie.
 Amai, être doux : *Amasake*, sorte de vin doux.

Oi...
- *Awoi*, être vert : *Awobatsi*, pré vert, ou verdure.
- *Kouroi*, être noir....
  - *Kouroufoune*, vaisseau noir.
  - *Kouromomen*, nankin noir, ou toile teinte en noir.
  - *Kourogi*, fond noir des pièces de soie.
- *Ziroi*, être blanc...
  - *Zirofoune*, vaisseau blanc, ou jonque.
  - *Ziromomen*, toile blanche.
  - *Zirayto*, ou *Ziraga*, soie blanche.
  - *Zirafighe*, barbe blanche.
  - *Ziratabe*, mur blanc ou blanchi.
- *Womai*, être lourd : *Wo oni*, fardeau pesant.

Ei... *Sounei*, être opiniâtre : *Zounemono*, homme terrible, ou difficile à soumettre.

Oui...
- *Ousoui*, être petit...
  - *Ousougia*, thé menu.
  - *Ousou iro*, couleur claire.
  - *Ousoumono*, chose petite ou déliée.
  - *Ousou ita*, pièce de soie mince.
- *Atsoui*, être gros ou épais.
  - *Atsouita*, certaine sorte de pièces de soie.
  - *Atsougami*, certaine sorte de papier épais.
- *Karoui*, être léger : *Karouisi*, pierre légère, ou pierre ponce.
- *Fouroui*, être vieux et usé : *Fourou dogou*, choses vieilles et usées.

§ 14. Les adjectifs proprement dits de la seconde classe sont terminés en *no*, comme *makotono*, vrai; *makotono Deous*, vrai Dieu, ou Dieu de vérité; *moromonoro*, tous; *awaremino*, miséricordieux ou de miséricorde; *amatano*, beaucoup; *souyouno*, varié, différent; *samazamano*, de plusieurs manières. Cette terminaison *no* n'est, à bien dire, que la marque du génitif, comme *samazama-no*, choses de plusieurs manières, ou différentes.

§ 15. La troisième classe comprend les adjectifs qui ne prennent point de particules, et qui ne consistent qu'en un seul mot indéclinable; ils sont en petit nombre; les principaux sont *go*, petit, comme *gogatana*, petit couteau; *wó*, grand, comme *wó ame*, grande pluie; *wó tono*, seigneur respectable ou vieillard; et *mina*, tous; ce dernier se place également soit avant soit après le verbe, comme *mina fitowa*, *fito mina kotogotokou*, tous; *kotogotokou maitta*, tous vinrent; *mina kotogotokou*, tous; *mina kotogotokou sinda*, tous moururent.

§ 16. Outre ces trois sortes d'adjectifs, il y a encore deux manières d'exprimer les adjectifs; premièrement, en plaçant devant les substantifs les verbes adjectifs du *koye*, terminés en *ai, ei, ii, oi, oui*. Exemples :

Kokou, noir, ou être noir; *Kokou yn*, homme noir.

Fakou, blanc, ou être blanc; *Fakou yt*, jour blanc, ou pendant le jour.

Biakou, blanc; *biakou rò*, cire blanche; *biakou zò*, éléphant blanc.

Si, vermeil ou rouge; *si botan*, sorte de rose rouge (Pivoine).

Sin, neuf (nouveau); *sin soun*, printems, ou année nouvelle.

Tai, grand; *tai kokou*, grand royaume; *tai yn*, grand homme, ou noble.

Dai, grand; *dai kai*, mer grande; *day miò*, grand nom.

Sô, petit; *sô nen*, petit enfant; *sô yn*, homme petit, homme de peu, méchant.

§ 17. La seconde manière d'exprimer les adjectifs consiste dans quelques radicaux de verbes, qui, placés devant les substantifs, tiennent lieu d'adjectifs. Exemples.

Fi, firou, sécher au soleil; *fi youo*, poisson sec.

Fosi, fosou, sécher; *fosi youo*, poisson sec.

Akari, akarou, éclairer; *akaribi*, lumière allumée.

Ate, atsourou, diriger; *ate dokoto*, attentif.

Fôke, fôkourou, diminuer; *fôkemono*, petit.

Damari, damarou, dissimuler; *damarimono*, malin, dissimulé. (§ 71.)

Des pronoms primitifs, dérivés et possessifs. (§ 75 et 76.)

§ 18. Ainsi que nous l'avons dit, les pronoms primitifs se déclinent comme les substantifs, en ajoutant les mêmes particules, pour les cas et pour les nombres. Exemples :

Pronom de la première personne, singulier et pluriel.

Nom.   *Ware, warewa*, je ou moi; *warera*, nous.
Gén.   *Wareno* ou *warega*, de moi, ou du mien; *warerano* ou *wareraga*, de nous, ou des nôtres.
Datif.   *Wareni, wareye*, à moi, pour moi; *warerani, wareraye*, à nous, pour nous.
Accus.   *Warewo, warewoba*, moi; *warerawo, warerawoba*, nous.
Ablat.   *Wareyori*, de moi, par moi; *warerayori*, de nous, par nous.

Pronom de la seconde personne.

Nom.   *Sonata, sonatawa*, vous, tu; *sonatatatsi*, vous autres, vous.
Gén.   *Sonatano*, de vous, tien; *sonatatsino*, de vous, ou vôtre.
Datif.   *Sonatani, sonataye*, à vous, pour vous; *sonatatatsi*, ou *sonatatatsiye*, à vous, pour vous.

Accus. *Sonatawo*, *sonatawoba*, vous, toi; *sonatatatsiwo* ou *sonatatatsiwoba*, vous, vous autres.
Ablat. *Sonatayori*, *sonatakara*, *sonatani*, de toi, par toi.
Sonatatatsiyori, *sonatatatsikara*, *sonatatatsini*, de vous, par vous.

Pronom de la troisième personne.

Nom. *Are*, *arewa*, celui, il; *arera*, *arerawa*, ceux, ils.
Gén. *Areno*, *arega*, de lui, ou sien; *arerano*, *areraga*, d'eux, ou leur.
Datif. *Areni*, *areye*, à lui, pour lui; *arerani* ou *areraye*, à eux, pour eux.
Accus. *Arewo*, *arewoba*, lui (celui); *arerawo* ou *arerawoba*, eux (ceux).
Ablat. *Areyori*, *arekara*, *areni*, de lui, par lui; *arerayori*, *arerakara*, *arerani*, d'eux, par eux.

§ 19. Les Japonais n'ont point de pronoms dérivés, ni de pronoms possessifs; ils les remplacent par le génitif des pronoms primitifs. Exemples :
Watega, *watakouzino*, mien; *sanatano*, vôtre, ou tien; *areno*, sien. (§ 75.)

§ 20. Pour marquer le respect, on fait souvent usage, en parlant à la seconde et à la troisième personne, des particules honorifiques, *wo*, *won*, *go*, *ghio*, *mi*, *son*, *ki*, pour *vôtre*, *sien*, *son*, etc.; on les place devant les substantifs. Exemples :

Won fawa, votre, ou sa mère.   *Sonso*, votre, ou sa lettre.
Won tsitsi, votre, ou son père.   *Sony*, votre, ou son ordre, sa volonté.
Ghiokea, votre, ou son épée.   *Kikokou*, votre, ou son royaume.
Miasi, vos, ou ses pieds.   *Kizal*, votre, ou sa lettre. (§ 76.)

§ 21. Pronoms démonstratifs.

Kono, *kore*, ce, cet.   *Sono*, *sore*, il, lui.
Kore, *sono*, *sore*, celui-ci, celui-là. *Wonaii*, *fitosii*, *gotokou*, *yôna*, *so-*
Ano, *are*, *sore*, celui.   *noyôna*, le même, la même, etc.

Ceux de ces pronoms qui sont terminés en *no* doivent être considérés comme des génitifs; et, comme tels, on doit toujours les mettre devant les substantifs. Exemple : *Kono fito*, cet homme; mais ceux qui sont terminés en *re*, peuvent s'employer sans substantif, parce qu'ils sont regardés comme relatifs. Ils se déclinent de même que les pronoms primitifs :

Nom. *Karewa*, *sorewa*, *arewa*.
Gén. *Kareno*, *soreno*, *areno*.
Datif. *Koreni*, ou *koreye*; *soreni*, ou *soreye*; *areni*, ou *areye*.
Accus. *Korero*, *sorero*, *arero*.
Abl. *Koreyori*, *soreyeori*, *areyori*. (§ 75.)

§ 22. Les réciproques *suí*, *sibi*, *se*, s'expriment en *yomi*, par
Wagaminò, mino, midzoukarano, pour *suí*.
Wagamini, mini, midzoukarani, waretomoni, pour *sibi*.
Wagamiwo, miwo, wareto miwo, midzoukarawo, pour *se*.

En *koye*, ces pronoms s'expriment par *i*, qui répond à *midzoukara*, joint à un autre mot de *koye*. Exemple : *Ifit*, lettre de sa propre main. (§ 75.)

Du pronom qui, quæ, quod. (§ 73.)

§ 23. Il n'y a pas en japonais, de pronom relatif; la seule manière de l'exprimer consiste à placer l'antécédent après le verbe, qui alors est pris au sens conjonctif; ainsi par exemple, *fitoga kita*, *il est venu un homme*, est une phrase qui n'est point relative; mais elle le devient si l'on met le mot *fito* après le verbe venir; *kita fito*, *l'homme qui est venu*; *amatano kotoro yoúta*, signifie, *il a dit beaucoup de choses* ; mais, si l'on place *amatano koto* après le verbe dire, *yoúta amatano koto*, la phrase devient relative, et signifie, *le grand nombre de choses qu'il a dites*. *Deous wa tentsi bammotono tsourourou amo*, c'est-à-dire *Dieu créa le ciel, la terre et toutes les choses* : *tentsi bammotono tsourouri tamo*, c'est-à-dire *Dieu qui créa le ciel, la terre et toutes choses*. (§ 93.)

Pronom interrogatif, quis, qui, quæ, quod, quid. (§ 72.)

§ 24. Ces mots répondent en japonais, *quis*, *qui*, *quæ*, à *tare*, *taso*, *taga*; comme *qui vient ? tega kitaka*, ou *tasokitaka? quod* ou *quid* répond à *nani*, *naniroumono*, ou *koto*, *ikanarou koto*, comme *kono outsousiwa tarenozo* ou *tarenoka*, ou *taga outsousizo? de qui est cette image ou ce portrait*. (§ 94.)

CONJUGAISONS.

Formation des tems et des modes des verbes.

§ 25. Il y a en japonais quatre conjugaisons affirmatives, et trois négatives seulement, parce que les verbes adjectifs négatifs se conjuguent comme les verbes de la seconde conjugaison négative, et le verbe substantif, *sòrai*, *sòrò* ou *soro* (§ 66), qui est le même que le verbe *sambourai*, *sambouro*, abrégé, se conjugue, tant pour l'affirmatif que pour le négatif, comme les verbes de la troisième conjugaison. (§ 77.)

Nous parlerons d'abord des trois conjugaisons affirmatives, et des trois conjugaisons négatives ordinaires ; des verbes personnels réguliers, et en dernier lieu, de la conjugaison des verbes adjectifs, qui ont un usage et une formation qui leur sont propres.

§ 26. Les verbes n'admettent, pour distinction des nombres et des personnes, que celle qui se fait par les antécédens, et les pronoms que l'on ajoute aux verbes ; du reste un seul et même mot sert pour toutes les personnes, soit au singulier, soit au pluriel.

Les seuls modes qui aient des mots qui leur soient propres, sont l'indicatif, l'impératif, le conjonctif, le conditionnel et le participe passé; on remplace les autres en joignant à ces mots certaines particules. Chaque mode n'a que trois tems qui prennent des mots propres; ces tems, que l'on désigne par les mots *kouako*, *ghenzai* et *mirai*, sont le présent, le prétérit et le futur ; l'imparfait et le plusque-parfait se remplacent par le présent et par le prétérit, ou par le participe passé accompagné du verbe substantif.

§ 27. L'indicatif et l'impératif des trois conjugaisons affirmatives se forment de la racine du verbe; les autres tems des autres modes se forment les uns de l'indicatif, et les autres de l'impératif. Il en est de même pour les trois conjugaisons négatives, c'est-à-dire, que le présent de l'indicatif négatif se forme de la racine du verbe, et que les autres modes se forment de l'indicatif.

Formation de l'indicatif et de l'impératif des verbes de la première conjugaison affirmative.

§ 28. C'est par les désinences des radicaux que l'on reconnaît la conjugaison des verbes, et ce sont ces mêmes désinences qui servent à former les tems du mode de l'indicatif (1). Les radicaux de la première conjugaison affirmative terminés en *e* (outre le verbe faire *si*, ou *yi*, ses composés, et les verbes terminés en *i*, qui sont de la première conjugaison), sont les suivans.

---

(1) Les diverses altérations des verbes, dans la contraction des tems, sont réglées par les constructions syllabiques des mots, et déterminées par les changemens euphoniques des *goyn*, c'est-à-dire des cinq voyelles, et du *kanadzoukai*, qui est la manière d'écrire en *firagana*, et de joindre les lettres ensemble, pour

LIVRE PREMIER.

SYLLABES.	RADICAUX.	FORMATION.	PRÉSENT.	PRÉTÉRIT.	FUTUR.	IMPÉRATIF.	NÉGATIF.
Te.	Tate.	Changent au présent *te* en *tsourou*.	Tatsourou.	Tateta.	Tateô, Tateôdzou, Tateôdzourou.	Tateyo, Tatei, Tatesay.	Tatenou, ou Tatezou.
	Fate.		Fatsourou.	Fateta.	Fateô, Fateôdzou, Fateôdzouron.	Fateyo, etc.	Fatenou, ou Fatezou.
Ye.	Maye.	Changent au présent *ye* en *dzourou*.	Madzourou.	Mayeta.	Mayeô.	Mayeyo, etc.	Mayenou, ou Mayezou.
Se.	Sase.	*Se* se change en *sourou*, pour le présent.	Sasourou.	Saseta.	Saseô.	Saseyo.	Sasenou, ou Sasezou.
	Mairase.		Mairasourou.	Mairaseta.	Mairaseô.	Mairaseyo,etc.	Mairasenou, ou Mairasezou.

SYLLABES finales.	RADICAUX.	FORMATION.	PRÉSENT.	PRÉTÉRIT.	FUTUR.	IMPÉRATIF.	NÉGATIF.
Be.	Kourabe.	Ces huit verbes, pour le présent, changent *e* en *ourou*. Pour le prétérit on ajoute au rad. la syll. *ta*. Pour le futur on ajoute au radical *ô*, *ôzou*, *ôzourou*. Pour l'impératif on ajoute au radical *yo* ou *i* ou *sai*. Pour le négatif présent on ajoute au radical *nou* ou *zou*.	Kourabourou.	Kourabeta.	Kourabeô, Kourabeôzou, Kourabeôzourou.	Kourabeyo, Kourabei, Kourabesai.	Kourabenou, ou Kourabezou.
Fe.	Fe.		Fourou, ou Ferou.	Feta.	Feô, ôzou, ôzourou.	Feyo, Fei, Fesai.	Fenou, Fezou.
Ghe.	Aghe.		Aghourou.	Agheta.	Agheô, etc.	Agheyo, etc.	Aghenou, etc.
Ke.	Todoke.		Todokourou.	Todoketa.	Todokeô.	Todokeyo, etc.	Todokenou, etc.
Me.	Motome.		Motomourou.	Motometa.	Motomeô.	Motomeyo,etc.	Motomenou.
Ne.	Fane.		Fanourou.	Faneta.	Faneô.	Faneyo.	Fanenou.
Re.	Fanare.		Fanarourou.	Fanareta.	Fanareô.	Fanareyo.	Fanarenou.
Ye.	Ataye.		Atayourou.	Atayeta.	Atayeô.	Atayeyo.	Atayenou.
	De.	Pour le présent on change *de* en *dzourou*; les autres tems se forment d'une manière régulière.	Dzourou.	Deta.	Deô, Deôzou, Deôzourou.	Deyo, Dei, Desai.	Denou.
	Ide.		Idzourou.	Ideta.	Ideô, etc.	Ideyo, etc.	Idenou.
	Mòde.		Mòdzourou.	Mòdete.			
	Mede.		Medzourou.	Medete.	Ces deux derniers verbes sont défectifs, et n'ont point d'autres tems.		

former les mots. La formation des tems et des modes des verbes est surtout fondée sur les permutations de certaines lettres les unes avec les autres, telles que *fa*, *fe*, *fi*, *fo*, *fou*, qui se changent en leurs correspondantes, *ba*, *be*, *bi*, *bo*, *bou*; et *pa*, *pe*, *pi*, *po*, *pou*; ou bien sur les changemens que subissent

GRAMMAIRE JAPONAISE,

Observation sur les radicaux des verbes.

§ 28 *bis.* L'on doit remarquer qu'il y a certains mots dont se forment tous les tems et modes de tous les verbes des trois conjugaisons, tant affirmatives que négatives : ces mots, on peut les appeler *verbes simples,* parce qu'ils ne signifient rien par eux-mêmes; ils ne sont que les *radicaux* des verbes, auxquels ils servent comme de base et de fondement.

Ces radicaux s'emploient élégamment de différentes manières : nous n'en parlerons ici qu'autant qu'elles ont rapport aux conjugaisons.

Souvent ces radicaux, placés dans une phrase sans aucune addition, tiennent lieu de verbes, et ils régissent les mêmes cas que les verbes dont ils tiennent la place. Quand deux ou plusieurs phrases se suivent, il est fort ordinaire de mettre au radical le verbe de la première ou des premières phrases, avec ses régimes, s'il y en a, tandis que le verbe de la dernière phrase se conjugue; alors le radical qui précède doit être entendu au même tems et au même mode. Exemple : *Kounsiwa mitzouno wosore ari ; temmeiwo wosore, taiynwo vosore, seynwo kotowo wosorou.* *L'homme vertueux craint* ou *respecte trois choses : il craint le ciel, il craint les grands, il craint ou révère les paroles du sage. Wosore* est le radical, et cependant il a le sens du présent de l'indicatif, parce qu'il prend le tems et le mode du verbe *wosorou.* Autre exemple : *Royakou koutsini nigakou, koughen mimini sako. Une bonne médecine est amère à la bouche ; un bon conseil blesse les oreilles. Nigakou* est le radical du verbe adjectif *nigai, être amer ;* mais il a le sens du présent de l'indicatif, parce qu'il prend le tems du verbe *sako, contrarier.* (§ 28 et 90.)

---

entr'elles les syllabes d'un même ordre, telles que *fa, fe, fi, fo, fou; ba, be, bi, bo, bou; ma, me, mi, mo, mou,* etc., qui se changent souvent *ma* en *mi,* et *vice versâ; bou* en *ba,* et *bi* en *ba,* et *vice versâ.* Il y a encore un autre changement qui se fait entre les syllabes qui ont entr'elles de la similitude, comme *ma, fa, ba, pa, me, fe, be, pe; mi, fi, bi, pi; mo, fo, bo, po; mou, fou, bou, pou,* et *mou* et *ou;* ainsi, au lieu d'écrire en *kana, ouma,* on écrit *mouma,* et *moume,* pour *oume; mou,* pour *bou.* Il résulte de là, que le mécanisme de la formation des verbes consiste entièrement dans le *goyn* et le *kanadzoukai.* Les Japonais ont un livre élémentaire fort simple, qui enseigne le *kanadzoukai,* et qui renferme toutes les règles relatives à ces permutations.

D'autres fois ces radicaux sont des noms verbaux (§ 70), qui expriment l'action du verbe, et qui, placés, soit devant un verbe substantif simple ou honorifique (§ 78 et 105), soit devant le verbe *faire*, *nasarourou*, et précédés d'une particule honorifique, telle que *won* ou *wo*, et quelquefois sans elle, servent pour la seconde et pour la troisième personne, pour tous les tems et tous les modes, en régissant les cas du verbe, et en conjuguant seulement le verbe substantif, comme *wo-motome-arou*, *wo-motome-atta*, *wo-motome-arò*, etc.

§ 29. Le verbe *zi*, *faire*, et ses composés, terminés en *zi* ou *ii* (1), suivent la formation des verbes de la première conjugaison.

Zi.	Pour le présent, changent *zi* en *sourou*; pour le prétérit, on ajoute *ta* au radical; pour le futur *zi* se change en *zeó*; pour l'impératif, *zi* se change en *ze*; et l'on ajoute *yo*, ou *y*, ou *sai*; pour le négatif, on ajoute *nou* ou *zou* à la syllabe *ze*.	*Sourou*, *zita*, *zeó*, *ózou*, *ózourou*, *zeyo*, *zenou* ou *zezou*.
Faizi.		*Faisourou*, *faizita*, *faizeó*, *faizeyo*, *faizenou*.
Tayzi.		*Tassourou*, *tazzita*, *tazzeó*, *tazzeyo*, *tazzenou*.
Gazzi.		*Gassourou*, *gazzita*, *gazzeó*, *gazzeyo*, *gazzenou*.
Zonii.		*Zonzourou*, *zóniita*, *zonyeó*, *ózou*, *ózourou*, *zonyeyo*, *zonyenou*.
Karonii.	Pour le présent, changent *ii* en *zourou*; pour le prétérit, on ajoute *ta* au radical; pour le futur, on change *ii* en *yeó*, etc.	*Karonzourou*, *karoniita*, etc.
Womonii.		*Womozourou*, *womoniita*.
Sanii.		*Sanzourou*, *saniita*.
Goranii.		*Goranzourou*, *goraniita*.
Soranii.		*Soranzourou*, *soraniita*.
Kanii.		*Kanzourou*, *kaniita*.
Manii.		*Manzourou*, *maniita*.

Appendice premier.

§ 30. Tous les verbes de la première conjugaison ont, pour le présent de l'indicatif, une autre forme moins usitée, mais qui est en usage dans quelques parties de l'empire. Elle se compose en ajoutant au radical des verbes la syllabe *rou*, comme *kouraberou*, *motomerou*, *agherou*, *derou*, *sase-*

---

(1) *Ii* est pour *zi*, qui s'altère ainsi à cause de la lettre *n*, placée devant, selon les règles de la permutation des syllabes les unes avec les autres.

rou, etc.; cette règle s'applique au verbe *ke, kerou, donner un coup de pied*, qui ne fait pas *kourou*, pour le distinguer des verbes *ki, kourou, venir*, et *kouri, kourou, compter*. Le verbe *ye, recevoir*, fait *ourou*, et non *yourou*, quoique son composé *kokoroye, être persuadé*, fasse *kokoroyourou*.

Appendice deuxième.

§ 31. Indépendamment de ces désinences du présent en *yourou* ou *yerou*, les verbes terminés en *ye* ont encore deux autres formes plus élégantes, que l'on n'emploie que dans le style le plus élevé; la première se fait en changeant *aye* ou *oye* en *orou*; pour la seconde, *aye* se change en *ô* long, comme :

Ataye, atórou, ató. Kotaye, kotórou, kotó.	Tonaye, tonòrou, tonò.
	Koraye, kokòrou.
Totonoye, totonórou, totonó.	Kouwaye, kouwòrou, kouwò.
Totaye, totórou, totó.	Araye, arórou.
Sonaye, sonòrou, sonò.	Kikoye, kikòrou.
Outtaye, outtórou, outtó.	

Formation de l'optatif, du conjonctif, du conditionnel et du participe.

§ 32. L'optatif n'a pas de mot qui lui soit propre; on le remplace, partie avec l'impératif, auquel on ajoute certaines particules qui expriment le désir; partie avec le futur de l'indicatif joint aux particules qui marquent le regret que l'on a de n'avoir pas fait telle chose; partie encore en employant les circonlocutions du conditionnel avec différentes particules; ainsi, pour former l'optatif présent, on ajoute *kasi* ou *gana* à l'impératif; pour le prétérit, on ajoute *monowo* au futur, et au participe en *e*, ou *yokarò monowo* au conditionnel.

En japonais, le désir s'exprime particulièrement par le présent ou par le futur, tandis qu'on se sert du passé pour marquer le regret ou le repentir. Les mots *kasi* et *gana* expriment le désir, et servent également pour le présent comme pour le futur; *monowo*, qui exprime la peine et le repentir, ne sert que pour le prétérit. Exemple : *Kakou aroubeki naraba, naghinattawo motte kòdzourou monowo*, s'il devait en être ainsi, que je dusse porter la lance. *Kasi* ne se met qu'après les verbes seulement; *gana*, que l'on remplace encore par *negai gana*, se met aussi après les noms substantifs, ayant en même tems le sens du verbe substantif. Exemple : *Foude gana, soumi gana, kiò gana* : oh! qui me donnerait, ou oh! combien je désire une plume, un écritoire, un livre, etc. En poésie, *mogana* se place toujours après les noms substantifs, et il a le même sens. Exemple :

Aware tada ouki toki tzourourou tomomo gana!
Fitono nasakew ayoni arisi fodo.

Oh ! qui me tiendra compagnie dans le malheur ! Pourquoi l'amour des hommes ne se montre-t-il que lorsque l'on est heureux ?

Quand la phrase ne finit point par un optatif, et qu'elle est suivie d'une autre phrase, on y ajoute élégamment *to, ao, kasi* ou *gana,* comme *plaise à Dieu que j'acquière !* ou *comme je désire acquérir! motomeyo kasito womó.*

Les particules *aware, aware negawakouwa, awoghei negawakouwa, aa, aa negawakouwa,* se placent quelquefois devant le présent ou le futur de l'optatif, et elles marquent un désir ardent, comme *plaise à Dieu, plût à Dieu.* Exemple : *Aware negawakouwa dzaifowo koudasareyo kasi,* plaise à Dieu de me donner des richesses. Quelquefois on emploie ces particules sans qu'elles soient suivies de *kasi.* Exemple : *Aware Ghenyino souyedzouyeno tanewo tatte forobou basi,* plaise à Dieu qu'il détruise entièrement la postérité et les descendans de Gheniy ! *Negawakouwa nagheki tamó koto nakare,* plaise à Dieu que vous n'ayez point de soucis !

§ 33. On distingue deux conjonctifs, qui, tous deux, ont des mots qui leur sont propres; le premier, qui est d'un usage habituel, se termine en *eba,* ce qui répond au latin *cùm;* l'autre se termine en *domo,* ce qui répond aux conjonctions *puisque, quoique.* Les autres modes n'ont point de mots qui leur soient propres, et ils ne s'expriment que par des circonlocutions, ainsi qu'on le verra plus loin.

Le présent du premier conjonctif se forme du présent de l'indicatif, en changeant *rou* en *reba,* comme *motomoureba.* Le prétérit se forme en ajoutant *reba* au prétérit de l'indicatif, comme *motometareba.* Pour le futur, on change *rou,* de la troisième forme du futur de l'indicatif, en *reba;* ainsi *motomeózourou* se change en *motomeózoureba,* et pour la seconde forme du futur, on ajoute *ró* au prétérit parfait de l'indicatif, comme *motometarò,* et *ran,* dans la langue écrite, comme *motometaran.* On ne peut terminer une phrase par ce mot ; il doit être suivi de quelque particule.

Le présent du second conjonctif se forme, en changeant *rou,* de l'indicatif présent, en *redomo,* comme *motomouredomo ;* pour le prétérit, on ajoute *redomo* au prétérit parfait de l'indicatif, comme *motometaredomo*, ou à la rigueur, *motometearedomo*; mais l'*e* du participe se contracte généralement dans tous les mots du prétérit terminés en *ta*, tels que *motometarou*, pour *motometearou*, qui, dans le langage, se contractant une seconde fois, fait *motometa*.

Le futur se forme en changeant *rou*, du futur de l'indicatif, en *redomo*, comme *motomeózouredomo*.

§ 34. Le conditionnel se forme, pour le présent, en ajoutant au radical du verbe la syllabe *ba*, ou la forme du présent *naraba*, ou *ni woitewa*, comme *motomeba*, *motomourou naraba*, *motomourouni woitewa*. Pour le prétérit, on ajoute *raba* ou *naraba*, ou *ni woitewa*, au prétérit de l'indicatif, comme *motometaraba*, ou plus régulièrement *motometearaba* (vide suprà, § 33), *motometanaraba*, *motometani woitewa*; pour le futur, on ajoute *naraba* ou *ni woitewa*, au futur de l'indicatif, comme *motomeónaraba*, *motomeóni woitewa*; la forme du présent est aussi commune au futur.

Observation sur le conditionnel, pour les trois conjugaisons.

§ 35. Le conditionnel terminé en *ba*, comme *motomeba* et *motometaraba*, a le sens du futur, et non celui du présent et du prétérit proprement dit; ainsi *motomeba* est le futur, *si j'acquiers*; *motometaraba* est le futur parfait, *quand j'aurai acquis*. Ces formes dérivent du futur, comme on le voit dans quelques provinces du Japon, où l'on se sert encore aujourd'hui du futur de l'indicatif, avec la particule *ba* (proprement *wa*). Ainsi, dans le *fiyen*, on dit:

Motomeóba, motomete aròba.		*Motomeba, motometaraba.*
Mioùba, mite aroba.		*Miba, mitaraba.*
Zóba, zite aroba.	Pour	*Zeba, zitaraba.*
Yomoba, yóde aròba.		*Yomaba, yódoraba.*
Narawòba, naròte aròba.		*Narawaba, narotaraba.*

Cette terminaison *ba* est, comme nous l'avons dit, la particule *wa*, altérée; mais on emploie également cette dernière sans aucune altération pour former le conditionnel: comme *aghetewa*, *aghezouwa*; et dans la langue écrite, *motomenwa*, *zenwa*, *minwa*, *yomanwa*, *narawanwa*.

§ 36. Le participe passé se forme en changeant *ta* du prétérit en *te*, comme *motomete*. Le participe présent terminé en *te* marque *l'agent* du verbe, et peut être considéré comme un substantif n'exprimant point le tems, et régissant le génitif comme les substantifs ; on le forme en ajoutant *te* au radical du verbe, comme *motomete, sasete, tatete,* etc.

§ 37. Le négatif se forme, pour le présent, en ajoutant *nou* ou *zou* au radical du verbe, comme *motomenou, motomezou.* Les verbes *zi* et *ü*, changent *i* en *enou* ou *ezou*, comme *zenou, zezou ; zonyenou, zonyezou.* Pour former le prétérit, on change *nou* en *nanda*, comme *motomenanda, zenanda.* Pour le participe passé, on change *da* en *de*, comme *motomenande, zenande,* ou bien *nou* du présent se change en *ide*, comme *motomeide, zeide ;* pour former le futur, on ajoute, à l'indicatif présent de la conjugaison affirmative, la particule *maiy* ou *mai*, comme *motomouroumaiy* ou *mai ; tatsourou maiy* ou *mai,* etc. Cette formation est la seule qui soit régulière ; mais la plus usitée est *motomoumai, aghoumai, soumai ;* on se sert aussi de *motomemai, zemai ;* mais c'est un abus, et une manière de parler vicieuse.

Observation sur les verbes terminés en i, *qui sont de la première conjugaison.*

§ 38. Il y a quelques verbes irréguliers terminés en *i* qui suivent la formation de la première conjugaison, tant pour la forme affirmative que pour la forme négative. Le présent de l'indicatif se fait en changeant *i* en *ouroui* le prétérit, en ajoutant *ta* au radical ; le futur, en ajoutant *oú* long, ou bien *oûzou, oûzourou,* à ce même radical. Pour l'impératif, on ajoute au radical *yo* ou *sai*, et pour le conditionnel présent on y ajoute *ba*. Pour former le prétérit, on ajoute *reba* au présent de l'indicatif, et *naraba* au futur de l'indicatif, pour former le futur du conditionnel. Pour le conjonctif présent, on change *rou*, du présent de l'indicatif, en *reba ;* et pour le prétérit, on ajoute *reba* au prétérit de l'indicatif. Pour former le futur, on change la terminaison *rou*, du futur de l'indicatif, en *reba*. Tous les autres tems et modes se forment régulièrement.

Abi.
- *Abi, abourou, abita, abioû, oûzou, oûzourou, abiyo,* ou *sai, abiba, taraba,* se baigner.
- *Kabi, kabourou, kabita, kabioû, oûzou, oûzourou, biyo* ou *sai, biba, bitaraba,* avoir de la peine, du chagrin.
- *Karabi, karabourou, bita, bioû, oûzou, oûzourou, biyo* ou *sai, biba, taraba,* sécher.
- *Sabi, sabourou, sabita, sabioû, oûzou, oûzourou, sabiyo, bisai, biba, taraba,* être pauvre.
- *Wabi, wabourou, wabita, wabioû, oûzou, oûzourou, wabiyo* ou *sai, wabiba, wabitaraba,* prier.

Obi.	*Nobi*, *bourou*, *bita*, *bioû*, *oûzou*, *oûzourou*, *biyo*, *bisai*, *biba*, *bitaraba*, s'étendre au loin. *Korobi*, *bourou*, *bita*, *bioû*, *bioûzou*, *oûzourou*, *biyo*, *bisai*, *biba*, *bitaraba*, détruire. *Forobi*, *bourou*, *bita*, *bioû*, *oûzou*, *oûzourou*, *biyo*, *bisai*, *biba*, *bitaraba*. *Fitobi*, *bou*, *bita*, *bioû*, *oûzou*, *ouzoûrou*, *biyo*, *bisai*, *bita*, *bitaraba*, amollir. *Fokorobi*, *bou*, *bita*, *bioû*, *oûzou*, *oûzourou*, *biyo*, *bisai*, *biba*, *bitaraba*, découdre.
Oubi.	*Fouroubi*, *bou*, *bita*, *bioû*, *oûzou*, *oûzourou*, *biyo*, *bisai*, *biba*, *bitaraba*, vieillir.

Wotsi, *Koutsi*,	changent *tsi* en *tsourou*.	*Wotsourou*, *tsita*, *tsioû*, *tsiyo*, *tsiba*, *tzoureba*. *Koutsourou*, *tsita*, *tsioû*, *tsiyo*, *tsiba*, *tzoureba*. Pourrir (en parlant du bois).

Fagi, *Wogi*, *Negi*,	changent *gi* en *dzourou*.	*Fadzourou*, *fagita*, *gioû*, *giyo*, *giba*, *gitaraba*. *Wodzourou*, *gitâ*, *gioû*, *giyo*, *giba*, *gitaraba*. Craindre. *Nedzourou*, *gita*, *gioû*, *giyo*, *giba*, *gitaraba*. Tordre, tourner.

Motsiy, *Ziy*, *Mimiziy*, *Meziy*,	changent *y* en *yourou*.	*Motsiyourou*, *motsiyta*, *tsiyoû*, *yoûzou*, *oûzourou*, *iyo*, *iba*, *itaraba*, estimer. *Ziyourou*, *ziyta*, *yoû*, *iyo*, *yba*, *itaraba*. *Mimiziyta*, *mimitziyte*. (Ce verbe est défectif.) *Meziytarou*, *meziyte* (défectif).

Y, *yourou*, *yta*, *yoû*, *oûzou*, *oûzourou*, *iyo*, *yba*, *yreba*, être.
Ki, *kirou*, *kita*, *kioû*, *kiyo*, etc., se vêtir.
Ki, *kourou*, *kita*, *kô*, *kôzou*, *kôzourou*, *koyo*, ou *koi*, venir.
Kori, *korourou*, *korita*, *korioû*, etc., être expérimenté.
Fouri, *fourourou*, *fourita*, *fourioû*, etc., être vieux (en parlant des choses).
Iki, *ikourou*, *ikita*, *ikioû*, etc., vivre.
Ideki, *idekourou*, *idekita*, *idekioû*, etc.
Deki, *dekouroû*, *dekita*, *dekioû*, etc., achever, perfectionner.
Woki, *wokourou*, *wokita*, *wokioû*, etc., se lever.
Tzouki, *tzoukourou*, *tzoukita*, *tzoukioû*, etc., arriver, avoir lieu.
Wori, *worourou*, *worita*, *worioû*, etc., descendre, mettre pied à terre.
Ourami, *ouramourou*, *ouramita*, *ouramioû*, etc., se plaindre.
Kagammi, *kagammirou*, *kagammita*, *kagammioû*, etc., considérer, regarder.

Mi, *mirou*, *mita*, *mioû*, etc., voir, regarder.
Ni, *nirou*, *nita*, *nioû*, etc., être semblable, ressembler.
Soughi, *soughourou*, *soughita*, *soughioû*, etc. excéder.

Plusieurs de ces verbes ont une autre forme moins usitée, qui se fait en ajoutant *rou* au radical, comme *abi*, *abirou*, *ziy*, *ziyrou*; il y en a même quelques-uns qui n'ont que cette seconde forme, et qui manquent de la première. Tels sont *mi, mirou; ni, nirou; fi, firou; kagammi, kagammirou*. L'on dit *ki, kirou*, s'habiller, pour le distinguer de *ki, kourou*, venir.

Formation des verbes de la seconde conjugaison.

§ 39. Tous les radicaux des verbes de la seconde conjugaison se terminent en *i*; les syllabes finales de ces radicaux sont *bi, tsi, ghi, ki, mi, ni, ri, zi*; il faut en excepter les verbes irréguliers terminés en *i*, que l'on a vus plus haut.

Les verbes dont le radical se termine par *bi, ghi, ki, mi* ou *ri*, changent, pour le présent de l'indicatif, *i* en *ou*, comme *tobi, tobou; koghi, koghou; kaki, kakou; yomi, yomou; kiri, kirou*, etc.

Ceux dont le radical se termine en *tsi*, changent, pour le présent de l'indicatif, *tsi* en *tzou*, comme *motsi, motzou; katsi, katzou; tatsi, tatzou*.

Ceux dont le radical se termine en *ni*, changent *ni* en *nourou*, comme *zini, zinourou; yni, ynourou*; et ceux qui se terminent en *zi*, changent *zi* en *sou*, comme *finazi, finasou; koudazi, koudasou; tadazi, tadasou*.

Pour le prétérit, les verbes terminés en

Obi	*obi*	en *ôda*, comme *yomi, yôda; tobi, tôda; yobi, yôda; yokorobi,*
Omi	*omi*	*yokoróda;* cependant *tomi* fait *tonda*.
Abi	*abi*	en *òda*, comme *yerabi, yeròda; woganii, wogòda; yami,*
Ami	*ami*	*yòda*.
Imi	*imi*	en *oûda*, comme *naymi, nayoûda; niymi, niyoûda; zimi, zoûda*.
Oumi	*oumi*	en *ounda* et *oûda*, comme *mousoubi, mousounda* ou *mousoûda;*
Oubi	*oubi*	*sousoumi, sousounda* ou *sousoûda*, etc.; *koumi, kounda*, seulement.
Ebi	*ebi*	en *eóda*, comme *sakebi, sakeóda; sonemi, soneóda*.
Emi	*emi*	
Ghi	*ghi*	en *ida*, comme *avoghi, avoida; woyoghi, woyoida; koghi, koida*.
Ni	*ni*	en *inda*, comme *zini, zinda; yni, ynda*.
Tsi	*tsi*	en *tta*, comme *matsi, matta; tatsi, tatta; kiri, kitta; tsiri,*
Ri	*ri*	*tsitta*.
Ki	*ki*	en *ita*, comme *kaki, kaita; faki, faita; nouki, nouita; sazi, saita;*
Zi	*zi*	*mazi, maita* ou *mazita; kozi, koita* ou *kozita*.

(*changent*)

Le prétérit des verbes suivans se forme en ajoutant simplement *ta* au radical, comme *mózi, mózita; mouzi, mouzita; fouzi, fouzita; mezi, mezita.*

Le futur se forme de deux manières : par la première, qui est la plus générale, on change l'*i* du radical en *ò, òzou, òzourou,* comme *yomi, yomòzou, yomòzourou; yerabi, yerabò,* etc.; *kiri, kinò; zini, zinò; awoghi, awoghò.* Les verbes terminés en *tsi,* changent *tsi* en *tò,* comme *katsi, katò; matsi, matò,* etc. Les verbes terminés en *zi* changent *zi* en *sò,* comme *mòzi, mosò; nagazi, nagasò; mezi, mesò; kozi, kosò,* etc.

L'autre mode de formation du futur est aussi simple; il n'y a qu'à changer le dernier *ou* du présent de l'indicatif en *ò,* comme *yomou, yomò; kikou, kikò; mosou, mosò; mesou, mesò.* Les verbes terminés en *tzou,* changent *tzou* en *tò,* comme *tatzou, tatò; katzou, katò.* Ceux qui se terminent en *nourou,* changent la finale *ourou* en *nò,* comme *zinourou, zinò; ynourou, ynò.* Cette seconde manière de former les verbes semble la plus naturelle et la plus conforme aux règles de la langue japonaise.

L'impératif se forme en changeant le dernier *i* du radical en *e,* comme *yome, kike.* Les verbes terminés en *tsi,* changent cette désinence en *te,* comme *tamotsi, tamote; outsi, oute; matsi, mate.*

Le conjonctif présent se forme en ajoutant *ba* à l'impératif, comme *yomeba, tateba;* et pour le conjonctif passé, on ajoute *reba* au prétérit de l'indicatif, comme *yodoreba.* Pour former le conjonctif futur, la désinence *rou* du futur de l'indicatif se change en *reba,* comme *yomòzoureba;* le conjonctif *domo* se forme de la même manière; *yódaredomo, yomòzouredomo.*

Le conditionnel se forme du futur de l'indicatif, en changeant *ò* en *aba,* comme *yomaba, tataba;* pour le prétérit, on ajoute *raba* au prétérit de l'indicatif : *yodaraba, taitaraba.*

Le participe passé se forme du prétérit de l'indicatif, en changeant *a* en *e : yode, küte, tatte.* Le participe présent se forme en ajoutant *te* au radical : *kakite, matsite,* etc.; ce participe n'est à bien dire qu'un substantif; en cette qualité, il régit le génitif, et ne marque aucunement le tems.

§ 40. Le présent des verbes négatifs peut se former de deux manières; par la première, qui est propre au *Goyn* et au *Kanadzoukai,* on change l'*i* du radical en *anou* ou *azou; korobi, korobanou, korobazou; yomi, yomanou,* etc.; *koghi, koganou; kaki, kakanou; kiri, kiranou; ini, inanou.*

LIVRE PREMIER.

Les verbes terminés en *tsi* changent *tsi* en *tanou*, comme *tatsi, tatanou*; ceux qui sont terminés en *zi* changent *zi* en *sanou*, comme *fanasanou*.

Par l'autre mode de formation, qui est le plus général, le présent se forme du futur de l'indicatif affirmatif, en changeant *ò* en *anou* ou *azou*: *orobò, korobanou, korobazou; yomò, yomanou*, etc.; *koghò, koghaou; kakò, kakanou; kirò, kiranou; inò, inanou; tatò, tatanou; mato, matanou; fanasò, fanasanou*; ou bien encore en changeant *ó* ou *oú* en *ou* ou *zou*, comme *todomeó, todomenou, todomezou; sazeò, sazenou*, etc.; *ateó, tatenou; mioú, minou; yomò, yomanou; tatò, tatanou; fanasò, fanasanou; narawò, narawanou; womowò, womowanou; fourouwò, fourouwanou*. Cette règle est commune aux trois conjugaisons.

Pour le prétérit, les verbes de la seconde conjugaison négative changent *nou* en *nanda*, comme *yomananda*; pour le participe passé, on change *da* en *de*, comme *yomanande*; ou bien *nou*, du présent de l'indicatif affirmatif, se change en *ide*, comme *yomaide, korobaide, tataide*. Pour former le futur, on ajoute au présent de l'indicatif affirmatif la particule *maiy* ou *mai*, comme *yomoumaiy, yomoumai; matzoumaiy, matzoumai*.

Formation des verbes de la troisième conjugaison.

§ 41. Les verbes de la troisième conjugaison se terminent par les diphtongues *ai, oi, oui*. Le présent de l'indicatif se forme en changeant *ai* en *ò*, *oi* en *ó*, *oui* en *oú* long : comme *narai, narò; womoi, womó; fouroui, fourou*. Pour le prétérit, on ajoute la syllabe *ta* au présent de l'indicatif, comme *naròta, womóta, fouroúta*. Pour le futur, on change le dernier *i* du radical en *wò* : *wòzou, wòzourou; narawò, narowòzou*, etc.; *womowò, womowozou*, etc.; *fourouwò, fourouwozou*, etc.; pour l'impératif, on change ce même *i* en *ye*, comme *naraye, womoye, fourouye*.

Pour former le présent du conjonctif, on ajoute *ba* ou *domo* à l'impératif, comme *narayeba, narayedomo; womoyeba, womoyedomo; fourouyeba, fourouyedomo*; et pour le prétérit, on ajoute *reba* ou *redomo* au prétérit de l'indicatif : comme *narotareba, narotaredomo; womotareba, womotaredomo; fouroútareba, fouroútaredomo*.

Enfin le conditionnel présent se forme en changeant l'*ò* du futur, en *aba* : *narawaba, womowaba, fourouwaba*. Pour le prétérit, on ajoute *raba* au prétérit de l'indicatif : *narotaraba, womotaraba, fouroútaraba*.

§ 42. Le présent de l'indicatif de la troisième conjugaison négative se forme en changeant l'*i* du radical en *wanou* ou *wazou*, comme *narai*, *narawanou*, *narawazou*; *womoi*, *womowanou*, etc.; *fouroui*, *fourouwanou*, etc.... Il se forme aussi du futur de l'indicatif affirmatif, en changeant *ò* en *anou* ou *azou*; *naràwò*, *narawanou*, etc. Pour le prétérit, *nou* se change en *nanda*: *narawananda*; pour former le participe passé, on change *da* en *de*: *narrawanande*; ou bien *na* du présent se change en *ide*: *narawaide*, *womowaide*. Pour former le futur, on ajoute au présent de l'indicatif affirmatif la particule *maiy*, ou *y*, ou *mai* : comme *naròmaiy*, *naròmay*, *naromai*; *womomaiy*, ou *y*, ou *mai*.

§ 43. Le verbe *yi*, *parler*, fait *yoú*, *yoúta*, *youò*, *yie*, *youanou*; et le verbe *yei*, *yoi*, *avoir mal au cœur*, fait *yó*, *yóta*, *yówo*, *yoye*, *yowanou*. Le verbe substantif *sabourai* fait *sabouròo*, *sabourawanou*; et *sòrai*, fait *sòrò*, *sòraite*, *sòraye*, *sorowanou*.

§ 44. *Première conjugaison affirmative dont le radical se termine en e.*

Motome, acquérir, obtenir, atteindre.

INDICATIF PRÉSENT.

Motomourou,
{ J'acquiers, nous acquérons,
Tu acquiers, vous acquérez,
Il acquiert, ils acquièrent.

IMPARFAIT.

Motomourou,
Motometa,
} Je, tu, etc., acquérais.

PARFAIT.

Motometa,
Motometearou,
} J'acquis, tu acquis, etc.

PLUSQUE-PARFAIT.

Motometa,
Motomette atta,
} J'avais acquis, etc.

FUTUR SIMPLE.

Motomeó,
Motomeózou,
Motomeózourou,
} J'acquerrai, etc.

FUTUR PARFAIT.

Motomete aròzou,
Faya motomeó,
} J'aurai acquis, etc.

LIVRE PREMIER.

Impératif. — PRÉSENT.

Motomeyo (1),	
Motomeï,	Acquiers, acquérez.
Motomesai,	(Pour la seconde personne.)
Motomeito,	
Motomeyoto,	Qu'il acquière, qu'ils acquièrent.
Motomesaito,	

FUTUR.

Motomeo,	J'acquerrai, etc.
Motomeozou,	

Optatif. — PRÉSENT.

Motomeyokasi,	Plût à Dieu que j'acquière.
Motomeyogana,	

IMPARFAIT ET PARFAIT.

Motomeomonowo,	
Motometaraba yokaro monowo,	Je désirais acquérir, ou avoir acquis.
Motomete aro monowo,	
Motometaroniwayokaro monowo,	

PLUSQUE-PARFAIT.

Motomeômonowo,	
Motomete aro monowo,	Plût à Dieu que j'eusse acquis, etc.
Motomete araba yokaro monowo,	

FUTUR SIMPLE.

Motomeyokasi,	Plût à Dieu que j'acquière.
Motomeyguna,	

FUTUR PARFAIT.

Motomete arekasi,   Plût à Dieu que j'aie acquis, etc.

Conjonctif. — PRÉSENT ET IMPARFAIT.

Motomoureba,	Lorsque j'acquiers,
Motomourouni,	Lorsque j'acquérais,
Motomourou tokoroni,	ou En acquérant.

---

(1) *Motomeyo* est le mot propre, *motomeï* n'en est que la contraction. Ces mots ne servent que pour la seconde personne seulement. Pour la première et la troisième personne, quelquefois même pour la seconde, on ajoute la syllabe *to*, surtout lorsqu'ils suivent quelque verbe impératif, tel que *dire* et *ordonner*.

Ce tems du futur de l'impératif s'emploie fréquemment pour le futur présent, surtout lorsque l'on commande ou que l'on défend.

PARFAIT.

Motometareba,	
Motometani,	Ayant acquis,
Motometa tokoroni,	Lorsque j'acquis.
Motomete areba,	

PLUSQUE-PARFAIT.

Motometareba,	Quand jacquérais,
Motomete attareba,	Quand j'avais acquis,
Motomete attani, ou *tokoroni*,	ou Ayant acquis.

FUTUR.

Motomeôzoureba,		Comme je dois acquérir.
Motomeo,		
Motometaro,	*toki*,	Quand j'aurai acquis.
Motomeozourou,		
Motomete........	*kara*, *notsi*, *yori*,	Lorsque j'aurai acquis, ou Après avoir acquis.

Observation. Le participe passé *motomete* est semblable au tems de l'indicatif devant lequel on le place : il en prend le tems, et répond au conjonctif. Exemple pour le présent : *Korewo tadazite mirouni*, en voyant et en jugeant cela. Exemple pour le prétérit : *Motomete kita*, je vins après avoir acquis. Exemple pour le futur : *Motomete sinyô*, quand j'aurai acquis, ou après avoir acquis, je vous le donnerai.

Conjonctif. — PRÉSENT ET IMPARFAIT, en *domo*.

Motomouredomo,	Quoique j'acquière,
Motometaredomo,	Quoique j'acquisse.

PARFAIT ET PLUSQUE-PARFAIT.

Motometaredomo,	Quoique j'eusse acquis.
Motomete attaredomo,	
Motomete arozouredomo,	Quoique j'eusse acquis.
Motomeó zouredomo,	

FUTUR.

Motomeó zourou redomo,	Quoique je doive acquérir.

Conditionnel.

PRÉSENT ET IMPARFAIT.

Motomeba,	Si j'acquiers.
Motomourou naraba,	
Motomourou woitewa,	Si j'acquérais.

LIVRE PREMIER.

PARFAIT ET PLUSQUE-PARFAIT.

Motometaraba,	
Motometa naraba,	
Motometa niwoitewa,	Si j'avais acquis.
Motomete araba,	
Motomete attaraba,	

FUTUR SIMPLE.

Motomeba,	Si j'acquiers,
Motomourou naraba,	Si moi acquérir...
Motomeó naraba,	Quand j'acquerrai

FUTUR PARFAIT.

Motomete araba,	Quand j'aurai acquis, ou si j'ai acquis.

Mode Concessif ou Permissif.

PRÉSENT ET IMPARFAIT.

Motomoureba tote,	Que tu acquières (1),
Motomouroutomo,	Que tu eusses acquis.
Motomourouto yoûtomo,	
Motomeyo,	
Motomei,	Que tu eusses acquis,
Motomemoseyo,	Que tu aurais acquis.
Motomemoseyokasi,	

PRÉTÉRIT PARFAIT ET PLUSQUE-PARFAIT.

Motometareba tote,	
Motometaritomo,	Que tu aurais acquis,
Motomeó madeyo,	Je lui permets d'acquérir.
Motometani seyo,	
Motomeózoureba tote,	
Motomeótomo,	
Motomeóni seyo,	Quoique tu eusses acquis.
Motomeó made,	
Motometemo,	
Motometaritomo,	

---

(1) Ce mode permissif ne s'emploie guère qu'à la seconde et à la troisième personne. L'impératif *permissif* est d'un fréquent usage, lorsqu'on ne parle que de soi, en le faisant précéder du conditionnel en *Ba*. Exemple : *Azouwa naninimo naraba nare, fawano ghioywo somouite zenga nai*, que demain il arrive de moi ce qu'il pourra, il n'est rien qui puisse me faire aller contre la volonté de ma mère.

Mode Potentiel.

PRÉSENT ET IMPARFAIT.

Motomeô,	
Motomeôzou,	Je peux acquérir,
Motomeôzourou,	J'acquerrais.
Motomourouro,	
Motomeôzou,	Qu'acquerrais-je ?
Motomeôzourouka,	Qu'aurais-je acquis ?
	Que puis-je acquérir ?

PRÉTÉRIT PARFAIT ET PLUSQUE-PARFAIT.

Motomeôzou,	
Motomete kotomo arozou,	J'ai pu acquérir,
Motometzourô,	Je pourrais avoir acquis.

FUTUR.

Motomeôzou,	
Motomemo sôzou,	Je pourrai acquérir,
Motomourou kotomo arozou,	Il se peut que j'acquière.
Motomeô zourô,	

Observation. Dans ce mode, *rô* se joint à tous les verbes des trois conjugaisons. Pour le présent, on ajoute la syllabe *rô* au présent de l'indicatif, comme *motomourourô, yomourô, narôrô*. Pour le prétérit, on change *ta* en *tzourou* et *da* en *dzourou* comme *motometzourô, yodzourô, narotzourô*. Pour le futur, on change le dernier *rou* en *rô*, comme *motomeôzourô, yomôzourô, narawôzourô*. Exemples : *Sakoso monoū wobosimesi tzouro*, il paraît qu'il AURAIT beaucoup de chagrins; *sadamete karameteniwa mawaròzourô*, il paraît qu'il PURIFIERA la porte à gauche. Cette particule *rô*, fait *ran*, dans la langue écrite.

Ce mode *facultatif* est très-usité, et l'on s'en sert avec élégance pour exprimer une certaine sorte de doute dans l'approbation, ou la possibilité ou la puissance de faire quelque chose; ce qui peut se rendre par le verbe *pouvoir*, et en japonais, par *kanô* ou *narou*; je pouvais vous instruire, je vous aurais instruit si vous l'aviez voulu. Le futur *motomeôzou* sert pour tous les tems de ce mode; et le présent s'emploie souvent avec la particule interrogative *ka*. Exemple : *Kidenwoba sougouo zondyeôka?* que je vous aie pour conseil (que je vous consulte)? On l'emploie aussi quelquefois sans interrogation. Exemple : *Amatano monodomono siyino fonowoni moyourouwo mioūzou*, videas plerosque irâ percitos.

Infinitif.

PRÉSENT ET IMPARFAIT.

Motomourou koto,
Motomouroto, } Acquérir, ce que j'acquiers.

PRÉTÉRIT PARFAIT ET PLUSQUE-PARFAIT.

Motometa koto,
Motomete attakoto, } Avoir acquis.

Motometato, Ce que j'ai acquis.
Motomete attato, Ce que j'avais acquis.

FUTUR.

Motomeókoto,
Motomeôzourou koto, } Devoir acquérir.

Motomeôto,
Motomeôzouto,
Motomeôzourouto, } Ce que je dois acquérir.

Nota. L'infinitif varie beaucoup. La forme la plus usitée se compose des particules *koto* et *to*, que l'on place après les tems de l'indicatif. Après celles-ci, les particules les plus usitées pour former l'infinitif, en les ajoutant aux tems de l'indicatif, sont *ga, wa, ni, yori, yòni, mo, tokoroni*, etc., et alors l'infinitif n'est plus que le cas de quelque verbe. Exemples : *Youkou yoriwa y kanouga masi*, il vaut mieux n'y pas aller qu'y aller. *Mewo akouroumo, fousagoumo kotsino mamade arou*, je suis libre d'ouvrir ou de fermer les yeux.

GÉRONDIFS.

En *DI.* *Motomourou,*
Motomeó,
Motomeó zourou, } Pour acquérir.

En *DO.* *Motomourouni,* En acquérant,
Motomete, Ayant acquis.

En *DUM.* *Motomourou tameni,*
Motomouroutote,
Motomeôtame ou *tote,*
Motomeôzourou tame ou *tote,* } Acquérir, pour acquérir.

SUPINS.

Motomeni,
Motomouroutameni, } A acquérir, pour acquérir.

Motome,
Motomerare, } À acquérir, ou à être acquis.

PARTICIPE PRÉSENT ET IMPARFAIT.

Motomourou . . . . . { mono, fitowa, wa, } Celui qui acquiert, ou qui acquérait.

Motomete,   Celui qui acquiert. (Nom substantif.)

PARTICIPE PRÉTÉRIT.

Motometa . . . . { mono, fitowa, wa, } Celui qui a, ou qui avait acquis.

Motomete,   Après avoir acquis, ayant acquis.

PARTICIPE FUTUR.

Motomeô. . . . .
Motomeozourou. . . . . { mono, fito, wa, } Celui qui doit acquérir.

Motomeôto sourou mono,   Ce qui est ou était à acquérir.
Motomeô sourouni,   Étant à acquérir,
Motomeôto sourou tokoroni,   Sur le point d'acquérir.
Motomeôni,
Motomeô zourouni, } Ayant à acquérir.

Remarques sur les gérondifs, les supins et les participes.

§ 45. Après les mots de l'indicatif, qui servent pour le gérondif en *di*, on ajoute toujours quelque nom substantif, tel que *toki*, *dyboun*, *aida*, *fima*, *ma*. Exemple : *Motomourou dyibounde arou*, dans le tems d'acquérir. Cette façon de parler n'est, à bien dire, qu'une phrase relative par laquelle on exprime le gérondif. Le gérondif se marque encore, en joignant au radical du verbe les mots *yo*, *sama*, *tokoro*. Exemples : *Kakiyo*, la manière d'écrire; *nesama*, le moment de dormir; *nedokoro*, le lieu de dormir. Ainsi l'on fait une phrase composée de deux substantifs : *Le moment du sommeil, le lieu du sommeil*. *Foumino kakiyo*, la manière d'écrire une lettre.

Pour le gérondif en *do*, le mot *motomete*, est le même qu'au prétérit, et signifie *ayant acquis*. Le mot *motomourouni* exprime plutôt le conjonctif; mais on l'emploie aussi pour le gérondif. Pour dire que l'on fait une chose pendant la durée d'une action continue, on répète deux fois le présent de l'indicatif. Exemple : *Nakounakou youta*, il parlait pendant qu'il pleurait, ou *en pleurant*.

Quelquefois c'est le radical qu'on répète. Exemple : *Wogiwogi wehiye itta*, il s'avança en tremblant ; *warai warai koúta*, il mangea en riant. L'on exprime encore l'intention et la continuation de l'action, en plaçant après le radical la particule *ni*, et en répétant le tems du verbe conjugué. Exemples : *Fourini fourou*, pleuvoir à verse ; littéralement, *pleuvoir en pleuvant* ; *terini terou*, faire grand soleil ; *nakini nakou*, pleurer beaucoup. Ces sortes de gérondifs s'expriment encore élégament de l'une des manières suivantes. Exemples : *Watarouni tsouite*, littéralement, *relativement au passer*, ou *pour quand il passe* ; *kakouni koutabireta*, il se fatigue lorsqu'il écrit ; *kakou yori*, d'écrire ; *kakouwo motte*, en écrivant, lorsqu'il écrit.

Les formes du participe composées avec *mono*, *fitowa*, *wa*, ne sont pas proprement des participes ; ce ne sont que des expressions relatives dont on se sert pour exprimer le participe. Les deux formes terminées en *te*, diffèrent en ce que la première, qui sert pour le présent, n'est qu'un nom substantif verbal, qui se forme en ajoutant *te* au radical de tous les verbes ; comme *motomete*, *yomite*, *naraite*. Ce mot exprime ce qui est le sujet du verbe. La deuxième, qui sert pour le prétérit, peut se rendre par *ayant fait*. Elle se forme, pour les trois conjugaisons, en changeant *a* ou *da*, du prétérit de l'indicatif, en *te* ou *de*. Comme *motomete*, *yóde*, *narote*. (§ 79.)

Ce participe s'emploie élégament de différentes manières ; 1° avec le verbe substantif, il sert pour tous les tems et pour tous les modes. Exemple : *motomete arou, motomete atta, motomete arozou*, etc. ; 2° avec la particule *mo*, il devient *adversatif* ; encore que, mais que, comme *motometemo* ; 3° avec la particule *wa*, il marque le conditionnel, comme, *motometewa*. Exemple : *Ayamattewa aratamourouni fabakourou koto nakare*, si tu commets une faute, ne tarde pas à t'en corriger ; 4° placé devant les particules *hara, yori, notsi*, il signifie *depuis que* ; 5° placé devant quelque tems de l'indicatif ou du conjonctif, il en prend le tems et le mode. Ainsi, placé devant le présent, il exprime le présent. Exemple : *Karewo tadasite mirouni* ou *mireba*, en jugeant et voyant ceci. *Kaite yrou*, il est écrivant. Exemple pour le prétérit, *motomete kita*, je vins, après avoir acquis.

Exemple pour le futur, *motomete sinyo*, quand je l'aurai acquis, ou après l'avoir acquis, je vous le donnerai.

Des verbes négatifs et de leur formation.

§ 46. Les verbes négatifs ont, pour tous les tems et pour tous les modes, des mots qui leur sont propres; ils ont une formation particulière, et trois conjugaisons comme les verbes affirmatifs. Chaque verbe négatif a, pour tous les tems et pour tous les modes, deux mots; l'un sert pour la langue parlée, et se termine en *nou* au présent de l'indicatif; l'autre se termine en *zou*, son radical est *zari*, qui se change en *zourou*, lorsqu'on vient à le conjuguer. Ce second mot n'est guère usité que pour la langue écrite; cependant, il y a plusieurs provinces où on l'emploie également dans la langue parlée.

§ 47. Il y a une particule négative qui a un caractère qui lui est propre, et dont le nom en *koye* est *fou*. Cette particule, jointe aux verbes affirmatifs, en fait des négatifs. Son *yomi* est *nou*, *zou* ou *zarou*. Exemple : *Fouso* est un mot *koye*, dont le *yomi* est *oumarezou, oumarenou*. *Foumet* en *koye* fait *forobizou, forobinou* en *yomi*.

La forme terminée en *zou*, tant dans le langage que dans l'écriture, sert comme de radical au verbe négatif, et est soumise aux mêmes règles que les radicaux des verbes affirmatifs. Elle ne se trouve pas ordinairement à la fin des phrases; on la remplace par la forme en *nou*, qui est celle qui se conjugue. (§ 91.)

§ 48. En général, les verbes négatifs des trois conjugaisons se forment du radical affirmatif du verbe. Savoir, ceux de la première conjugaison, en ajoutant *nou*, ou *zou*, ou *zari*, *zarou* au radical, comme *motomenou*, *motomezou*, *motomezourou*; *abinou*, *abizou*, etc.; *ki*, *kourou*, *venir*, fait *konou*, *kozou*. Si ou *yi*, *faire*, change l'*i* du radical en *enou*, *ezou*, comme *senou*, *sezou*; *mayenou*, *mayezou*; *zonyenou*, *zonyezou*.

Les verbes de la seconde et de la troisième conjugaison peuvent se former de deux manières. Par la première, qui est propre au *goyn* et au *kanadzoukai*, ils se forment du radical en changeant, ceux de la deuxième conjugaison, *i* en *anou* ou *azou*, comme *yomi*, *yomanou*, *yomazou*; *koghi*, *koganou*, *kogazou*, etc. Les verbes terminés en *tsi*, changent *tsi* en *tanou* ou *tazou*, comme *tatsi*, *tatanou*, *tatazou*. Les verbes de la troisième conjugaison changent *i* en *wanou* ou *wazou*, comme *narai*, *narawanou*, *narawazou*; *womoi*, *womowanou*, etc.

L'autre mode de formation est commun à tous les verbes de la deuxième et de la troisième conjugaison. Suivant cette manière, le négatif se forme du futur de l'indicatif, en changeant *o* en *anou* ou *azou*, comme *yomo*, *yomanou*, *yomazou*; *tato*, *tatanou*, *tatazou*, etc.

Pour le prétérit, tous les verbes des trois conjugaisons changent *nou* en *nanda*, ou *zatta*, comme *motomenanda*, *motomezatta*; *yomananda*, *yomazatta*, etc.

Pour le futur, les verbes de la première conjugaison négative se forment, en ajoutant au présent de l'indicatif *maiy* ou *mai*, ou bien en retranchant la finale *rou*, et en ajoutant *maiy* ou *mai*; comme *motomourou maiy* ou *mai*, etc. Le futur des verbes de la deuxième et de la troisième conjugaison se forme, en ajoutant *maiy* ou *mai* au présent de l'indicatif affirmatif; comme *yomoumaiy* ou *mai*; *naròmaiy*, *naròmai*.

Le présent et le prétérit des trois conjugaisons négatives, peut aussi se former du futur de l'indicatif affirmatif de la langue écrite, terminé en *n*. Savoir, à ceux de la première conjugaison en *en* et en *in*, comme *motomen*, *sen*, *min*, *abin*; et à ceux de la deuxième et de la troisième conjugaison en *an*, comme *yoman*, *tatan*, *narawan*, *womowan*; on ajoute *ou* pour le présent, et *anda* pour le prétérit, comme *motomen*, *motomenou*, *motomenanda*; *sen*, *senou*, *senanda*; *yoman*, *yomanou*, *yomananda*, etc.

Zarou, dont le radical est *zari*, se conjuge comme la deuxième conjugaison affirmative, pour tous les tems et pour tous les modes. Cette forme négative s'emploie principalement dans la langue écrite, et dans quelques provinces particulières.

§ 49. *Première conjugaison négative.*

Indicatif. — PRÉSENT.

Motomenou, Je n'acquiers pas,
Montomezou, Tu n'acquiers pas, etc.

IMPARFAIT.

Motomenou,
Motomenanda, } Je n'acquérais pas, etc.

PARFAIT ET PLUSQUE-PARFAIT.

Motomenanda,
Motomeïde arou, } Je n'acquis point,
Motomenande atta, } Je n'avais point acquis.

FUTUR.

Motomouroumaïy,	
Motomouroumai,	Je n'acquerrai pas.
Motomoumaïy,	
Motomoumai (1),	

Impératif. — PRÉSENT.

Motomourouna,	N'acquiers pas, n'acquérez pas.
Namotomeso,	(Pour la seconde personne seulement.)
Motomourounato,	Qu'il n'acquière pas.
Namotomesoto,	

FUTUR.

Motomouroumaïy,	Je n'acquerrai, je n'acquerrais pas.
Motomoumai,	(Comme au futur de l'indicatif.)

Optatif. — PRÉSENT ET IMPARFAIT.

Motomourouna kasi,	Plût à Dieu que je n'acquière pas,
Namotomeso kasi,	Que je n'aie point acquis.

PARFAIT ET PLUSQUE-PARFAIT.

Motomouroumai monowo,	
Motomoumai monowo,	Plût à Dieu que je n'eusse point acquis.
Motomenandaraba yokaro monowo,	

FUTUR.

Motomourouna kasi,	
Namotomeso kasi,	Plût à Dieu que je n'aie point acquis.
Motomeide arekasi,	

Conjonctif. — PRÉSENT ET IMPARFAIT.

Motomeneba,	Lorsque je n'acquiers pas,
Motomenini,	En n'acquérant pas,
Motomenouto koroni,	Lorsque je n'acquérais pas.

---

(1) On exprime quelquefois le futur de l'indicatif par *motomeinaïy*, *motomemai*; mais c'est un abus, et une manière de parler vicieuse. Ce futur de l'indicatif a une autre forme, particulière à la langue écrite, mais qui est cependant quelquefois usitée dans la langue parlée; elle se termine en *y*, comme *motomey*, *naraway*, *yomay*. *Motomoumaïy* ou *motomoumai* est plus usité dans l'écriture que dans le langage.

Motomena a quelquefois le sens du prétérit, principalement lorsqu'il est précédé d'un prétérit. Exemple : *Sena*, *je ne le fis pas*, etc.

PARFAIT ET PLUSQUE-PARFAIT.

Motomenandareba,
Motomenandani,
Motomeïde areba,
Motomeïde arouni,
Motomeïde attareba ou *attani,*

} N'ayant point acquis,
Lorsque je n'acquiers point,
Lorsque je n'avais point acquis.

FUTUR.

Motomoumaïy kereba,
Motomoumaïni,
Motomoumaïy toki,
Motomoumai toki,
Motomenou sakini,
Motomenou mayeni,

} Comme je ne dois pas acquérir,
Avant que je n'acquière,
Avant d'acquérir.

Autre Conjonctif en domo.

PRÉSENT ET IMPARFAIT.

Motomenedomo,   { Puisque je n'acquiers pas.
                   { Quoique je n'acquière pas.

PARFAIT ET PLUSQUE-PARFAIT.

Motomenanda redomo,
Motomeïde aredomo,
Motomeïde attaredomo,

} Quoique je n'aie, quoique je n'eusse point acquis.

FUTUR.

Motomouroumay keredomo,   Quoique je ne doive pas acquérir.

Conditionnel. — PRÉSENT ET IMPARFAIT.

Motomezouwa,
Motomezoumba,
Motomenou naraba,
Motomenouni woïtewa,

} Si je n'ai point acquis,
Si je n'avais pas acquis.

PARFAIT ET PLUSQUE-PARFAIT.

Motomenandareba,
Motomenanda naraba,
Motomenandani woïtewa,
Motomeïde araba,
Motomeïde attaraba,

} Si je n'ai point acquis, si je n'avais pas acquis.

FUTUR.

Motomoumaïy naraba,
Motomoumay kouwa,
Motomoumai naraba,
Motomeïde araba,

} Si je n'acquiers pas, si je ne dois pas acquérir ; si je n'ai pas encore acquis ; mot à mot, quand je n'aurai pas encore acquis.

GRAMMAIRE JAPONAISE,

Mode Concessif ou Permissif.

PRÉSENT ET IMPARFAIT.

Motomezoutomo,
Motomaneba tote,
Motomeidomo,
} Que tu n'acquières pas.
(Voy. § 44, le mode *permissif* affirmatif.)

PARFAIT ET PLUSQUE-PARFAIT.

Motomenandarebatote,
Motomenandaritomo,
} Que tu n'aies, que n'eusses pas acquis, Je t'accorde que tu n'aies point acquis.

FUTUR.

Motomoumaykoutomo,
Motomoumaitomo,
} Qu'il ne t'arrive pas d'acquérir.

Mode Potentiel.

PRÉSENT ET IMPARFAIT.

Motomoumaiy ou *mai*,   Je ne peux pas acquérir.
Motomourou maiy ou *mai*,   Je n'acquerrais pas.
Motomoumaika?   Que n'acquerrais-je pas ?
Motomouroumaika?   Que n'aurais-je pas acquis ?

PARFAIT ET PLUSQUE-PARFAIT.

Motomenanda kotomo arozou,   Je n'ai pu acquérir.
Motomenou kotomo arozou,   Je ne pourrais avoir acquis.
Motomaiy ou *mai*,   Je n'aurais pas acquis.

FUTUR.

Motomoumaiy ou *mai*,   Je ne pourrai acquérir.
Motomenou kotomo arozou,   Il se peut que je n'acquière pas.

Infinitif. — PRÉSENT ET IMPARFAIT.

Motomenou koto,
Motomenouto,
} Ne pas acquérir ; ce que je n'ai pas, ce que je n'avais pas acquis.

PARFAIT ET PLUSQUE-PARFAIT.

Motomenanda koto,
Motomeide atta koto,
Motomenandato,
Motomeide attato,
} Ne pas avoir acquis ; ce que je n'ai pas acquis, ce que je n'avais pas acquis.

FUTUR.

Motomouroumai koto,
Motomoumai koto,
Motomourou maito ou
Motomoumaito,
} Ne pas devoir acquérir ; ce que je ne de dois pas acquérir.

GÉRONDIFS.

En DI. Motomenou, — Pour ne pas acquérir.

En DO. Motomezou,
Motomezouni,
Motomenouni,
Motomeide,
Motomezou site,
} En n'acquérant pas. Sans acquérir.

En DUM. Motomenoutameni,
Motomenoutote,
Motomenaitame ou tote,
} Pour ne pas acquérir.

PARTICIPE PRÉSENT.

Motomenou....... { mono, fito, wa, } Celui qui n'acquiert pas.

PARTICIPE PASSÉ.

Motomenanda..... { mono, fito, wa, } Celui qui n'a ou qui n'avait pas acquis.

Motomeide,
Motomenande,
Motomeide,
} N'ayant point acquis, sans avoir acquis.

FUTUR.

Motomoumai...... { mono, fito, wa, } Celui qui ne doit pas acquérir.

Nota. Le participe, *motomeide*, s'employe fréquemment avec le négatif du verbe *pouvoir*, pour *ne pouvoir pas manquer d'acquérir*; ou *devoir acquérir quoi qu'il arrive*. Comme *motomeide kanawanou*; et il a le même sens si on y ajoute seulement *wa*, comme *motomeidewa*.

§ 50. *Seconde conjugaison affirmative pour la langue parlée.*

Indicatif. — PRÉSENT.

Yomi, yomou, — Je lis, tu lis, il lit, nous lisons, etc.

IMPARFAIT.

Yomou, yoda, — Je lisais, etc.

PRÉTÉRIT.

Yôda, yôdo arou, — Je lus, etc.

PLUSQUE-PARFAIT.

Yôda, yôde atta.   J'avais lu....

FUTUR.

Yomo, yomozou, yomozourou,   Je lirai....

Yaya yomozou,
Yôde arozou,   } J'aurai lu....

Impératif. — PRÉSENT.

Yome, yometo,   Lis, lisez, qu'il lise.

FUTUR.

Yomo, yomozou,   Lisons....

Optatif. — PRÉSENT.

Yomekasi, yomegana,   Plût à Dieu que je lise.

IMPARFAIT ET PLUSQUE-PARFAIT.

Yomo monowo,
Yôdaraba yokaro monowo,
Yôde aro monowo,   } Plût à Dieu que j'aie ou que j'eusse lu.
Yôdaroniwa yokaro monowo,
Yôde attaraba yokaro monowo;

FUTUR.

Yomekasi,
Yomegana,   } Plût à Dieu que je puisse lire.
Yôde arekasi,   Plût à Dieu que j'aie lu....

Conjonctif. — PRÉSENT ET IMPARFAIT.

Yomeba,
Yomouni,   } Lorsque je lis, lorsque je lisais, ou en
Yomoutokoroni,   lisant.

PRÉTÉRIT.

Yôdareba,
Yôde ba, ou *tokoroni,*   } Lorsque je lus, ayant lu.
Yôde areba,

PLUSQUE-PARFAIT.

Yôdareba,
Yôde attareba,   } J'aurais lu, que j'eusse lu, ou ayant lu.
Yôde attani, ou *tokoroni,*

FUTUR.

Yomozoureba,   Comme je dois lire.

Yomo
Yomozou   } *toki,*   { Comment lire, quand lirai-je, ou quand
Yomozourou   dois-je lire?

LIVRE PREMIER. 39

Yomoni, ou *tokoroni*,
Yomozourouni, } Devant lire.

Yode............ { *kara*, *notsi*, *yori*, } Lorsque j'aurai lu, ou après avoir lu.

Autre Conjonctif en domo.

PRÉSENT ET IMPARFAIT.

Yomedomo,   Puisque je lis, puisque je lisais; quoique je lise, quoique je lusse.

PARFAIT ET PLUSQUE-PARFAIT.

Yôdare domo,   Puisque j'ai lu,
Yôde aredomo,   Puisque j'avais lu.
Yôde attaredomo,
Yôde arozouredomo, } Quoique j'aie lu, cependant..., quoique j'eusse lu....
Yomo zouredomo,

FUTUR.

Yomozouredomo,   Quoique je doive lire, cependant...

Conjonctif conditionnel. — PRÉSENT ET IMPARFAIT.

Yomaba,
Yomounaraba, } Si je lis...
Yomouni woitewa, } Si je lisais...

PARFAIT ET PLUSQUE-PARFAIT.

Yôdaraba,
Yôda naraba, ou *ni woitewa*, } Si j'ai lu...
Yôde araba, } Si j'avais lu...
Yôde attaraba.

FUTUR.

Yomaba,   Quand je lirai...
Yomou naraba,   Si je lis...
Yôde araba............ { Quand j'aurai lu... Si j'ai lu...

Mode Concessif ou Permissif.

PRÉSENT ET IMPARFAIT.

Yomouto yoûtomo,   Que tu lises...
Yomeba tota,   Que tu lusses...
Yome,
Yomimo seyo, } Quoique tu lises...
Yomimo seyo kasi, } Quoique tu lusses....

GRAMMAIRE JAPONAISE,

PARFAIT ET PLUSQUE-PARFAIT.

Yôdarebatote,
Yôdaritomo, } Quoique tu aies, ou quoique tu eusses lu...
Yomomadeyo,

FUTUR.

Yomozourebatote,
Yomotomo, } Je veux bien { que tu lises,
Yôdaritomo, { que tu aies à lire.
Yôdemo,
Yomoni seyo, } Quoiqu'il puisse lire...
Yomo made,

Mode Potentiel.

PRÉSENT ET IMPARFAIT.

Yomo,
Yomozou,
Yomozourou, } Je puis lire...
Yomouro, Je lirais...
Yomoka ?   Que lirais-je...?
Yomozourouka ?   Que dois-je lire...?

PARFAIT ET PLUSQUE-PARFAIT.

Yomozou,   J'ai pu lire.
Yôdaretoato arozou,   Il me fut possible de lire.
Yôdzouro,

FUTUR.

Yomozou,
Yomino seôzou, } Je pourrai lire.
Yomou kotomo arozou, Il se se peut que je lise.
Yomozouro,

Infinitif. — PRÉSENT ET IMPARFAIT.

Yomoukoto,   Lire.
Yomouto,   Ce que je lis, ou ce que je lisais.

PARFAIT ET PLUSQUE-PARFAIT.

Yôda koto,   Avoir lu.
Yôdato,   Ce que j'ai lu, ce que je lisais,
Yôde arouto, yôde attato, Ce que j'avais lu.

FUTUR.

Yomo koto,
Yomozourou koto, } Lire, avoir à lire.
Yomoto,   Ce que je dois lire.

GÉRONDIFS.

En *DI*.	*Yomou,* *Yomò,* *Yomòzourou,*	} De lire.
En *DO*.	*Yomouni,* *Yôde,*	} En lisant, ayant lu.
En *DUM*.	*Yomoutame,* *Yomoutote,* *Yomòtame,* *Yomòtote,*	} A lire, pour lire.

SUPINS.

Yomini,
Yomou tameni. } A lire, pour lire.

Yomi,
Yomare, } A être lu, pour être lu.

PARTICIPE PRÉSENT ET IMPARFAIT.

Yomou mono ou *fito,*   Celui qui lit, ou qui lisait.
Yomite,   Le lisant.

PRÉTÉRIT.

Yôda mono ou *fito.*   Celui qui a, ou qui avait lu.
Yôde,   Après avoir lu, ayant lu.

FUTUR.

Yomò mono ou *fito,*
Yomòzourou mono ou *fito,* } Ce qu'on doit lire.

Yomòto sourou mono,
Yomòto sourouni,
Yomòto sourou tokoroni, } Ce qui est, ou ce qui était à lire.

Yomòni,
Yomòzourouni, } Etant à lire, ou devant être lu.

§ 54. *Seconde conjugaison négative.*

Indicatif. — PRÉSENT.

Yomanou,
Yomazou, } Je ne lis pas, etc.

IMPARFAIT.

Yomanou,
Yomananda, } Je ne lisais pas...

PARFAIT ET PLUSQUE-PARFAIT.

Yomananda,
Yomaide arou, — Je ne lûs point...
Yomaide atta, — Je n'ai, ou je n'avais pas lu.

FUTUR.

Yomoumai,
Yomoumaiy, — Je ne lirai pas...
Yomay,

Impératif. — PRÉSENT.

Yomouna, — Ne lis point...
Nayôzo,

Yomounato, — Qu'il ne lise pas.

Yomoumai, — Ne lisons pas, ne lisez pas, qu'ils ne
Yomoumaiy, — lisent pas.

FUTUR.

Yomoumai, — Tu ne liras pas, nous ne lirons pas...
Yomoumaiy,

Optatif. — PRÉSENT ET IMPARFAIT.

Yomouna kasi, — Plût à Dieu que je ne lise pas, que je ne
Nayôzo kasi, — lusse pas...

PARFAIT ET PLUSQUE-PARFAIT.

Yomoumai monowo, — Plût à Dieu que je n'aie, ou que je
Yomanandaraba yokaro monowo, — n'eusse point lu...

FUTUR.

Yomouna kasi,
Nayôzokasi, — Plaise à Dieu que je ne doive pas lire.
Yomaide arekasi, — Plût à Dieu que je n'eusse point déjà lu.

Conjonctif. — PRÉSENT ET IMPARFAIT.

Yomaneba, — Lorsque je ne lis pas,
Yomanouni, — Lorsque je ne lisais pas, ou ne lisant pas.
Yomanou tokoroni,

PARFAIT ET PLUSQUE-PARFAIT.

Yomanandareba, — Lorsque je ne lus point,
Yomanandani, — Lorsque je n'avais pas lu,
Yomaide areba, — N'ayant pas lu,
Yomaide arouni, — Lorsque je n'aurais pas lu...
Yomaide attareba ou *attani,*

LIVRE PREMIER.

FUTUR.

Yomoumay kereba,	Comme je ne dois pas lire,
Yomoumaini,	Ne devant pas lire.
Yomanou sakini,	} Avant que je lise, avant de lire.
Yomanou maiye ou yenni,	

Autre Conjonctif en domo.

PRÉSENT ET IMPARFAIT.

Yomanedomo,   Quoique je ne lise point, quoique je ne lusse point, cependant...

PARFAIT ET PLUSQUE-PARFAIT.

Yomanandaredomo,	
Yomaide aredomo,	} Quoique je n'aie, ou quoique je n'eusse pas lu, cependant...
Yomaide attaredomo,	

FUTUR.

Yomoumay keredomo,   Quoique je ne doive pas lire...

Conditionnel. — PRÉSENT.

Yomazouwa,	
Yomazoumba,	} Si je ne lis pas,
Yomanou naraba,	Si je ne lisais pas.
Yomanouni woitewa,	

PRÉTÉRIT.

Yomanandaraba,	} Si je n'ai pas lu,
Yomananda naraba,	Si je n'avais pas lu.
Yomanandani woitewa,	

FUTUR.

Yomoumai naraba,	Si je ne dois pas lire.
Yomaide araba,	Si je n'ai pas encore lu. Mot à mot, quand je n'aurai pas encore lu.

Mode Permissif.

PRÉSENT.

Yomazoutomo,	} Que tu ne lises pas.
Yomanebatote,	Que tu ne lusses pas.
Yomaidemo,	

PRÉTÉRIT.

Yomanandareba tote,	} Que tu n'aies, que tu n'eusses pas lu. Je t'accorde que tu n'aies point lu.
Yomanandaritomo,	

FUTUR.

Yomoumaitomo,
Yomoumay koutomo, } Qu'il ne t'arrive pas de lire.

Mode Potentiel.

PRÉSENT.

Yomoumaiy ou *mai*,
Yomoumaika? } Je ne puis pas lire, je ne pouvais pas lire. Que ne lisais-je?

PRÉTÉRIT.

Yomananda kotomo arò, — Je ne lisais pas,
Yomanou kotomo arò, — Je ne pouvais avoir lu,
Yomoumai ou *maiy*, — Je n'avais pas lu.

FUTUR.

Yomoumai ou *maiy*,
Yomanou kotomo arò, } Il se peut que je ne lise pas.

Infinitif. — PRÉSENT ET IMPARFAIT.

Yamanou koto, — Ne pas lire,
Yomanouto, — Ce que je ne lis, ou ce que je ne lisais pas.

PRÉTÉRIT.

Yomananda koto, — Ne pas avoir lu.
Yomanandato, — Ce que je n'ai pas lu.

FUTUR.

Yomoumai koto, — Ne devoir pas lire.
Yomoumaito, — Ce que je ne dois pas lire.

GÉRONDIFS.

En DI. Yomanou,
Yomoumai, } De ne pas, ou pour ne pas lire.

En DO. Yomazou,
Yomazou site,
Yomazouni,
Yomanouni,
Yomaïde, } Ne lisant pas, sans lire.

En DUM. Yomanou tame,
Yomanou tote,
Yomoumai tame ou *tote*, } A, ou pour ne pas lire.

PARTICIPE PRÉSENT.

Yomanou mono ou *fito*, — Celui qui ne lit pas.

LIVRE PREMIER.

PRÉTÉRIT.

Yomananda mono ou fito,   Celui qui n'a pas, ou qui n'avait pas lu.
Yomaide,   N'ayant pas lu; sans avoir lu.
Yomazou site,   Avant de lire.

FUTUR.

Yomoumai mono ou fito,   Celui qui ne doit pas lire, ne devant pas lire.

§ 52. *Troisième conjugaison affirmative.*

Indicatif. — PRÉSENT.

Narai, narò,   J'apprends, tu apprends, etc.

IMPARFAIT.

Narò,
Naròta,   } J'apprenais, etc.

PARFAIT.

Naròta,
Naròte arou,   } J'appris....

PLUSQUE-PARFAIT.

Naròta,
Naròte atta,   } J'avais appris....

FUTUR.

Narawò,
Narawòzou,
Narawòzourou,   } J'apprendrai.

Naròte aròzou,
Faya narawòzou,   } J'aurai appris.

Impératif. — PRÉSENT.

Naraye,
Narayeto,   } Apprends, apprenez, qu'il apprenne.

FUTUR.

Narawò,
Narawòzou,   } Apprenons....

Optatif. — PRÉSENT.

Naraye kasi,
Naraye gana,   } Plaise à Dieu que j'apprenne.

IMPARFAIT ET PARFAIT.

Narawò monowo,
Naròtaraba yokarò monowo,
Naròte arò monowo,
Naròtaròniwa yokarò monowo.   } Je devrais apprendre, ou avoir appris.
    Plût à Dieu que j'aie appris.

GRAMMAIRE JAPONAISE,

PLUSQUE-PARFAIT.

Narawòzourou monowo,	Plût à Dieu que j'eusse appris;
Naròte attaraba yokarò monowo,	
Naròte aro monowo,	Je devrais avoir appris.

FUTUR.

Naraye kasi,	Plût à Dieu que j'apprenne, que je puisse apprendre.
Naraye gana,	
Naròte arekasi,	Plût à Dieu que j'aie déjà appris.

Conjonctif. — PRÉSENT ET IMPARFAIT.

Narayeba,	Lorsque j'apprends, lorsque j'apprenais, en apprenant.
Naròni,	
Naròtokoroni,	

PARFAIT.

Naròtareba,	Lorsque j'appris, ayant appris.
Naròtani ou *tokoroni*,	
Naròte areba,	

PLUSQUE-PARFAIT.

Naròtareba,	Lorsque j'eus appris....
Naròte attareba,	
Naròte attano ou *tokoroni*,	

FUTUR.

Narawòzoureba,	Comme je dois apprendre; par ce que je dois apprendre.
Narawò	
Narawòzourou *toki*,	Comment apprendre, quand apprendrai-je.
Naròtarò	
Narawòzourouni,	Devant apprendre.
Narawoni,	
Naròte ...... *kara*, *yori*, *notsi*,	Lorsque j'aurai appris, ou après avoir appris.

Autre Conjonctif en domo.

PRÉSENT ET IMPARFAIT.

Narayedomo,	Quoique j'apprenne, quoique j'apprisse.

PARFAIT ET PLUSQUE-PARFAIT.

Naròtaredomo,	Quoique j'aie, ou quoique j'eusse appris.
Naròte aredomo,	
Naròte attaredomo,	
Naròte aròzouredomo,	

LIVRE PREMIER.

FUTUR.

Narawòzouredomo,	Quoique je doive apprendre....

Conditionnel. — PRÉSENT ET IMPARFAIT.

Narawaba,	
Naròi naraba,	Si j'apprends, si j'apprenais....
Naròni woitewa,	

PARFAIT ET PLUSQUE-PARFAIT.

Naròtaraba,	
Naròta naraba ou *ni woitewa,*	Si j'appris ou si j'ai appris ;
Naròte araba,	Si j'avais appris....
Naròte attaraba,	

FUTUR.

Naròi naraba ou *ni woitewa,*	Si j'apprends....
Narawaba,	Quand j'apprendrai....
Narawò naraba,	Quand j'aurai appris.
Naròte araba,	Si j'avais déjà appris.

Mode Concessif ou Permissif.

PRÉSENT ET IMPARFAIT.

Naròtomo,	
Naròto youtomo,	Que tu apprennes,
Naraye batote,	Que tu apprisses.
Naraye,	
Naraimo seyo,	Je t'accorde que tu apprennes.
Naraimo seyo kasi,	

PARFAIT ET PLUSQUE-PARFAIT.

Naròtarebatote,	
Naròtaritomo,	Quoique tu aies ou quoique tu eusses appris.
Narawò madeyo,	

FUTUR.

Narawòzourebatote,	
Narawòtomo,	
Naròtaritomo,	Je veux bien que tu parviennes à apprendre, encore que tu apprennes.
Naròtemo,	
Narawòni seyo,	
Narawò made,	

GRAMMAIRE JAPONAISE,

Mode Potentiel.

PRÉSENT ET IMPARFAIT.

Narawò,	
Narawòzou,	
Narawòzourou,	Je puis apprendre, j'apprendrais.
Naròrò,	
Narawòka?	Qu'apprendrais-je?
Narawòzourouka?	Que dois-je apprendre?

PARFAIT ET PLUSQUE-PARFAIT.

Narawòzou,	
Naròta kotomo aròzou,	J'ai pu apprendre ou j'aurais pu apprendre.
Naròdzourò,	

FUTUR.

Narawòzou,	
Naraimo sòzou,	Il se peut que j'apprenne; pourrai-je apprendre? apprendrai-je?
Narò kotomo aròzou,	
Narawòzourò,	

Infinitif. — PRÉSENT ET IMPARFAIT.

Naròkoto,	Apprendre.
Naròto,	Ce que j'apprends, ce que j'apprenais.

PARFAIT ET PLUSQUE-PARFAIT.

Naròta koto,	Avoir appris.
Naro tato,	
Naròte attato,	Ce que j'ai, ou ce que j'avais appris.

FUTUR.

Narawò koto,	Apprendre ou devoir apprendre.
Narawòzourou koto,	
Narawòto,	
Narawòzouto,	Ce que je dois apprendre.
Narawòzourouto,	

GÉRONDIFS.

En DI.	*Narò,*	
	Narawò,	D'apprendre.
	Narawòzourou,	
En DO.	*Naròni,*	En apprenant.
	Naròte,	Ayant appris.
En DUM.	*Naròtame,*	
	Naròtote,	A apprendre, ou pour apprendre.
	Narawò *tame* ou *tote,*	
	Narawòzourou	

SUPINS.

Narai,
Naròtameni, } A apprendre, pour apprendre.

Naraini,
Narawware, } A être appris.

PARTICIPE PRÉSENT ET IMPARFAIT.

Narò mono ou *fito*,
Naraite, } Celui qui apprend, ou qui apprenait.

PRÉTÉRIT.

Naròta. . . . . { mono, fito, wa, } Celui qui a, ou qui avait appris.

Naròte, Ayant appris, après avoir appris.

FUTUR.

Narawo
Narawozourou { mono, fito, wa, } Celui qui doit apprendre.

Narawòto sourou mono, Ce qui est, ou qui était à apprendre.
Narawòto sourouni,
Narawòto sourou tokoroni, } Étant à apprendre.

Narawòni,
Narawòzourouni, } Ou devant être appris.

§ 53. *Troisième conjugaison négative.*

Indicatif. — PRÉSENT.

Narawazou,
Narawanou, } Je n'apprends pas. . . .

IMPARFAIT.

Narawanou,
Narawananda, } Je n'apprenais pas. . . .

PARFAIT ET PLUSQUE-PARFAIT.

Narawananda,
Narawaide arou,
Narawaide atta, } Je n'ai pas, ou je n'avais pas appris.

FUTUR.

Naròmai,
Naròmaiy, } Je n'apprendrai pas.

Impératif. — PRÉSENT.

Naròna,	N'apprends pas, n'apprenez pas.
Nanaròso,	
Narònato,	Qu'il n'apprenne pas.
Nanaròsoto,	

FUTUR.

Naròmai,	Tu n'apprendras pas, nous n'apprendrons pas.
Naròmaiy,	

Optatif. — PRÉSENT.

Naròna kasi,	Plût à Dieu que je n'apprenne pas.
Nanoròso kasi,	

PARFAIT ET PLUSQUE-PARFAIT.

Naròmai monowo,	Plût à Dieu que je n'aie, ou que je n'eusse point appris.
Narawananda naraba yokarò monowo,	

FUTUR.

Naròna kasi,	Plaise à Dieu que je n'apprenne pas.
Nanaròsokasi,	
Narawaide arekasi,	Plût à Dieu que je n'aie point appris.

Conjonctif. — PRÉSENT ET IMPARFAIT.

Narawaneba,	Comme je n'apprends pas,
Narawanouni,	Comme je n'apprenais pas,
Narawanou tokoroni,	ou n'apprenant pas.

PARFAIT ET PLUSQUE-PARFAIT.

Naràwanandareba,	Comme je n'ai pas appris.
Narawanandani,	Comme je n'avais pas appris.
Narawaide areba,	ou n'ayant pas appris.
Narawaide attareba ou attani,	

FUTUR.

Naròmay kereba,	Comme je n'ai rien à apprendre, ou n'ayant rien à apprendre.
Naròmaini,	
Naròmai, ou maiy toki,	
Narawanou sakini,	Avant que j'apprenne, ou avant d'apprendre.
Narawanou mayeni, ou yenni,	

Autre Conjonctif en domo.

PRÉSENT ET IMPARFAIT.

Narawanadomo,	Quoique je n'apprenne pas....

LIVRE PREMIER.

PARFAIT ET PLUSQUE-PARFAIT.

Narawanandaredomo,
Narawaide aredomo, } Quoique je n'aie, ou quoique je n'eusse point appris.
Narawaide attaredomo,

FUTUR.

Naromaykeredomo, Quoique je ne doive pas apprendre.

Conditionnel. — PRÉSENT ET IMPARFAIT.

Narawazouwa,
Narawazoumba, } Si je n'apprends pas,
Narawanou naraba, } Si je n'apprenais pas.
Narawanouni woitewa,

PARFAIT ET PLUSQUE-PARFAIT.

Narawanandaraba,
Narawananda naraba, } Si je n'appris pas, si je n'ai pas, ou si je n'avais pas appris.
Narawanandani woitewa,

FUTUR.

Naròmai naraba, } Si je ne dois pas apprendre.
Naròmay kouwa,
Narawaide araba, Si je n'ai pas encore appris.

Mode Permissif ou Concessif.

PRÉSENT ET IMPARFAIT.

Narawazoutomo,
Narawane batote, } Que tu n'apprennes pas, encore que tu n'apprennes pas.
Narawaidemo,

PARFAIT ET PLUSQUE-PARFAIT.

Narawanandara batote, Encore tu n'aies pas appris ;
Narawanandari tomo, Que tu n'eusses pas appris.

FUTUR.

Naròmai tomo, } Que tu ne puisses pas apprendre.
Naròmai koutomo,

Mode Potentiel.

PRÉSENT ET IMPARFAIT.

Naròmai, ou maiy, Je ne puis, je ne pouvais apprendre.
Naròmaika ?
Naròmaiyka ? } Que ne puis-je apprendre ?

PRÉTÉRIT.

Naròmai, ou maiy, } Je n'ai pu, ou je n'avais pu apprendre.
Narawananda kotomo aròzou, } Je ne pouvais avoir appris.
Narawanou kotomo aròzou,

GRAMMAIRE JAPONAISE,

FUTUR.

Naròmai, ou *maiy*,	Je n'apprendrai pas.
Narawanou kotomo aròzou,	Il se peut que je n'apprenne pas.

Infinitif. — PRÉSENT ET IMPARFAIT.

Narawanou koto,	Ne pas apprendre.
Narawanouto,	Ce que je n'apprends, ou ce que je n'apprenais pas.

PARFAIT ET PLUSQUE-PARFAIT.

Nawananda koto,	Ne pas avoir appris.
Narawanandato,	Ce que je n'ai pas appris.

FUTUR.

Naròmai koto,	Ne pas devoir apprendre,
Naròmaito,	Ce que je ne dois pas apprendre.

GÉRONDIFS.

En DI. *Narawanou*,
      Naròmai, } Pour ne pas apprendre, de ne pas apprendre.

En DO. *Narawazou*,
      Narawazouni,
      Narawazou site,
      Narawanouni,
      Narawaide, } N'apprennant pas, sans apprendre.

En DUM. *Narawanou tame*,
      Narawanou tote,
      Naròmai tame, ou *tote*, } Pour ne pas apprendre, à ne pas apprendre.

PARTICIPE PRÉSENT.

Narawanou ...... { *mono*, *fito*, *wa*, } Celui qui n'apprend pas.

PRÉTÉRIT.

Narawananda ..... { *mono*, *fito*, *wa*, } Celui qui n'a, ou qui n'avait pas appris.

Narawaide,
Narawazou site, } N'ayant pas appris, sans avoir appris, avant d'apprendre.

FUTUR.

Naromai .... { *mono*, *fito*, *wa*, } Celui qui ne doit pas apprendre.

§ 54. Les principaux verbes, pour les trois conjugaisons, qui manquent de deux ou de plusieurs tems ou modes, sont les suivans :

Tasi, tasou, Suppléer.
Wokotari, rou, Manquer.
Woi, woite, Vieillir.
Araye, arayourou, Avoir.
Fouri, fourita, Être vieux.
Tomi, tomou, Prospérer.
Ki, kourou, Venir.
Ayezou, Ne pas pouvoir.
Saserou, Être de peu de valeur.
Mede, medezourou, Se distinguer.
Abare, abarourou, Ruiner (en parlant d'une maison).
Mode, modzourou, Voyager.
So, deso, zoro, sont des verbes substantifs comme *soro;* mais ils n'ont que ce seul tems.
De, nite, site, Étant. — Ces trois mots s'emploient quelquefois au lieu du verbe substantif.
Nari, verbe substantif.
Tabi, tabou, Donner : *Tari, tarou,* Être.
Noukinde, dzourou, Exceller, surpasser.
Kotonari, rou, Être différent.
Fe, ferou, Passer le tems, etc., etc., etc.

Conjugaison des verbes anomaux. (§ 11 et 71.)

§ 55. Les verbes anomaux sont irréguliers, c'est-à-dire qu'ils ne se conjuguent comme aucune des trois conjugaisons affirmatives ou négatives : ils ont une formation qui leur est propre. Leurs radicaux, pour la langue parlée, se terminent par les diphthongues *ò, eó, iou, ó, ou;* dans la langue écrite, ils se terminent tous par la syllabe *kou*.

Les verbes terminés en *ò,* changent, pour le présent, *ò* en *ai,* comme *oukò, foukai.*

Eo, se changent en *ei,* comme *sigheo, sighei.*
iou, *y,* comme *atarasou, atarasy.*
ó, *oi,* comme *siro, siroi.*
ou, *oui,* comme *nourou, nouroui.*

Le présent de l'indicatif de tous ces verbes se forme encore, tant pour la langue parlée que pour la langue écrite, en changeant le dernier *i* de l'indicatif en *ki* ou *si*. Comme *foukaki, foukasi; sigheki, sighesi; atarasiki, atarasisi*, etc.

Ces verbes ont des formes qui leur sont propres pour tous les tems et pour tous les modes. On remplace celles qui pourraient leur manquer par l'addition des terminaisons *kari, karou,* et *gari, garou* (1), qui se modifient de la même manière que la deuxième conjugaison, pour tous les tems et pour tous les modes : seulement, dans la langue écrite, on retranche *ou* du radical ; ainsi, au lieu de *foukakouari,* on dit *foukakari ;* on ne dit point *nemoukouari ,* mais *nemougari*. L'on peut dire encore que *kari, karou, gari, garou,* ne sont que des particules qui entrent en composition avec ces verbes, lesquels changent alors le dernier *i* de l'indicatif en *kari* ou *gari*. Ces particules s'ajoutent aussi à quelques autres verbes terminés en *na,* qui changent *na* en *gari, garou,* comme *sosigarou, iyagarou*. Au reste, ces terminaisons *kari, gari,* insignifiantes par elles-mêmes, ne servent qu'à former les tems et les modes des verbes anomaux ; et, lorsqu'elles entrent en composition avec eux, elles ont une signification particulière ; de sorte que l'on ne peut les employer indifféremment avec tous les verbes. *Kari* s'ajoute aux uns, et *gari* aux autres, d'une manière fixe et déterminée.

§ 56. Pour les distinguer dans l'usage qu'on en doit faire, nous remarquerons que les verbes adjectifs, en général, sont de deux sortes. Les uns expriment une action animale ou sensitive, un penchant, un désir, un sentiment ; comme sont les verbes *tai,* vouloir ; *tomonai,* je ne veux pas ; *medetai,* féliciter, se réjouir du bien d'autrui ou du sien propre ; *nemoutai,* avoir sommeil ; *kataykenai,* remercier d'un bienfait ; *nemoui,* vouloir dormir ; *nikoui,* être odieux ; *samoui,* avoir froid ; *fidaroui,* avoir faim ; *kanasii,* être triste ; *moutzoukasii,* être ennuyeux (importun) ; *fosii,* désirer ; *kourousii,* éprouver du chagrin ; *womosiroi,* être remarquable ou digne d'être vu ; *itai,* avoir de la douleur ; *kawaiy,* avoir amour ou compassion. Ces verbes et plusieurs autres semblables se joignent, pour les seconde et troisième personnes, à la particule *gari, garou,* en perdant le dernier *i* du radical ; et ils se conjuguent comme les verbes de la seconde conjugaison, prenant toutes les particules dont sont susceptibles les autres

---

(1) Ces désinences ne sont autres que le verbe substantif *ari, arou.*

verbes. Comme *nemoutai, nemoutagarou, nemoutagarimasourou, nemoutagararourou, nemoutagaraserarourou, nemoutagatta, nemoutagarò.* A la première personne du prétérit il fait toujours *nemoutakatta,* et non *nemoutagata.* Ces verbes expriment l'action d'avoir, de sentir ou de désirer quelque chose ; ce que l'on rend aussi quelquefois par les mots *womó, zonzourou.* Comme *nemoutagara, nemoutaitowomó, nemouto zonzourou.*

Quelques-uns des verbes anomaux terminés en *na,* se composent avec la particule *garou,* en changeant *na* en *garou.* Comme *sósina, sósigarou,* avoir du regret ; *yekina, yekigarou,* se réjouir, être content ; *iyana, iyagarou,* ne pas vouloir, répugner ; *mouzona, mouzogarou,* avoir pitié ou compassion.

§ 57. Tous les autres verbes adjectifs qui n'expriment pas une action animale ou sensitive, prennent la terminaison *kari, karou,* en perdant le dernier *i* du présent de l'indicatif ; et, quoique ce tems ne prenne pas cette terminaison *kari, karou,* il y a cependant quelques tems et quelques modes qui en sont formés, comme on le verra dans la conjugaison ci-après. Parmi les particules qui se joignent aux verbes adjectifs, les plus usitées sont *mairasourou* et *mòsou.*

Dans la conjugaison que nous donnons ci-après on a suppléé à quelques tems dont manquent ces verbes. Pour que l'on voye d'un coup d'œil quelles sont les formes particulières qui ne prennent pas la finale *karou,* nous divisons ce tableau en trois colonnes, composées, l'une de *motome, motomourou,* l'autre de *foukai,* qui est un verbe adjectif, et la troisième du verbe négatif *nai,* qui est de la même classe.

	Radical MOTOME.	*Radical* FOUKÒ.	*Radical* NÒ.
Indicatif.	Motomourou..............	Foukai................ Foukasi................ Foukaki................	Nai, Nasi, Naki.
Conjonctif.	Motomekereba........ Motomourouni........	Foukareba............ Foukani................	Nakereba, Naini.
Conditionnel..	Motomeba............... Motomezoumba....... Motomourou naraba... Motomourouni woitewa... Motometewa..............	Foukakouwa............ Foukakoumba............ Foukai naraba............ Foukaini woitewa........ Foukòtewa..............	Nakouwa, Nakoumba, Nai naraba, Naini woitewa, Nòwetawa.
Autreconjonctif en domo.	Motomekeredomo........ Motomourouto iyedomo...	Foukakeredomo.......... Foukaito iyedomo........	Nakeredomo. Naito iyedomo.

Mode Permissif.	Motomouroutomo............ Motomourouto youtomo... Motomourebatote......... Motomourouto mamayo... Motomeba motomourou madeyo.............	Foukakoutomo............. Foukaito youtomo......... Foukakerebatote........... Foukaitomo............. Foukaito mamayo......... Foukakouwa foukaimadeyo.	Nakoutomo, Naito youtomo, Nakerebatote, Naitomo, Naito mamayo, Nakouwa madeyo.
Participe passé.	Motomete.............	Foukòte............... Foukakoute.............	Nòte, Nakoute.
Infinitif.	Motomourouto............ Motomouroukoto......... Motomourouwa...........	Foukaito............... Foukaikoto............. Foukaiwa...............	Naito, Naikoto, Naiwa.
Au négatif.	Namotomeso............. Namotomeso kasi.........	Nafoukakasso............ Nafoukakasso kasi........	Nanakasso, Nanakasso kasi.

L'on voit facilement, d'après ce tableau, combien les verbes anomaux ont de formes qui leur sont propres pour tous les tems et pour tous les modes, principalement pour les tems du présent ; d'où il suit que la plupart de celles que l'on remplace avec la terminaison *karou*, sont du du prétérit et du futur, ainsi qu'on va le voir par la conjugaison suivante. (§ 59.)

§ 38. Les radicaux des verbes adjectifs observent les mêmes règles que ceux des autres verbes dans les trois cas ci-après.

1° Lorsque ces verbes adjectifs se trouvent dans deux ou plusieurs phrases qui se suivent, le verbe des premières, ou de la première phrase reste au radical, et il prend le tems et le mode du premier verbe conjugué qui le suit. (§ 28 *bis*.) Exemples : *Madzoukousite fotsourò koto nakou, tonde wogorou koto nakoumba ykan?* Que direz-vous d'un homme qui ne flatte pas étant pauvre, et qui ne s'énorgueillit pas étant riche ? Le premier verbe *nakou* est au conditionnel, parce qu'il prend le tems et le mode de *nakoumba* qui le suit. *Akoudoni yriyasoukou, yenniwa yrigatasi. Il est facile de se livrer au mal, et difficile de se livrer à la vertu.*

2° De même les radicaux des verbes adjectifs, lorsqu'ils précèdent d'autres verbes, expriment le mode de l'action, et se rendent par un adverbe (§ 22.) Exemples : *Yo mosou, parler bien ; kasikó sourou, agir prudemment ; fouko wadzouro, être gravement malade.*

3° Ainsi que les radicaux des autres verbes, lorsqu'ils sont joints au verbe substantif, ils tiennent lieu de tous les tems et de tous les modes des verbes. Comme *fouko arou, fouko atta, fouko aro, fouko are, fouko arekasi, fouko areba*, etc.

59. *Conjugaison des verbes adjectifs terminés au radical en* ò, eo, iou, ô, ou, *et au présent en* ai, ei, y, oi, oui.

Indicatif. — PRÉSENT.

Foukai (1) [radical *foukò*],
Foukasi, } Il est profond.
Foukò arou,

PRÉTÉRIT.

Foukakatta,
Foukò atta, } Il était, il fut profond.

FUTUR.

Foukakarò,
Foukakaròzou,
Foukakaròzourou, } Il sera profond.
Foukò aròzou,

Impératif. — PRÉSENT ET FUTUR.

Foukakare,
Foukò are,
Foukò nare, } Qu'il soit profond.
Foukakareto,

Optatif. — PRÉSENT.

Foukakarekasi ou *gana*,   Plût à Dieu qu'il soit profond.

PRÉTÉRIT.

Foukakarò *monowo*,
Foukakati *araba yokarò monowo*, } Plût à Dieu qu'il eût été profond.
Foukakaròniwa *yokarò monowo*,

FUTUR.

Foukakarekasi ou *gana*,
Foukò arekasi ou *gana*, } Plût à Dieu qu'il soit profond.

Conjonctif. — PRÉSENT.

Foukakareba,
Foukaini, } Comme il est profond, ou étant profond.
Foukai *tokoroni*,

PRÉTÉRIT.

Foukakattareba,
Foukakattani ou *tokoroni*, } Comme il était profond.

---

(1) Pour la langue écrite, ce verbe fait *foukaki* au présent; *foukakarini*, au prétérit, et *foukakaroubeki* ou *besi*, au futur.

FUTUR.

Foukakaròzoureba,
Foukakaròzourouni, } Comme il doit être profond, ou devant être profond.

Foukakaò toki,
Foukakaròzourou toki, } Comme il sera profond.

Foukò natte kara,
Foukò atte notsi, } Quand il sera profond.

Autre Conjonctif en domo.

PRÉSENT.

Foukakeredomo,
Foukò aredomo,
Foukaito iyedomo, } Quoiqu'il soit profond.

PRÉTÉRIT.

Foukakattaredomo,
Foukò attaredomo, } Quoiqu'il soit profond.

FUTUR.

Foukakaròzouredomo, } Quoiqu'il dût être profond.

Conditionnel. — PRÉSENT.

Foukakouwa,
Foukakoumba,
Foukai naraba,
Foukaini woitewa, } S'il est profond.

PRÉTÉRIT.

Foukakattareba,
Foukakatta naraba,
Foukakattani woitewa, } S'il eût été profond.

FUTUR.

Foukakaò naraba,
Foukai naraba ou ni woitewa, } S'il doit être profond.

Mode Permissif. — PRÉSENT.

Foukakoutomo,
Foukaito youtomo,
Foukakerebatote,
Foukòtemo,
Foukakouwa Foukai madeyo, } Qu'il soit, encore qu'il soit profond.

LIVRE PREMIER.

PRÉTÉRIT.

Foukakattarebatote,
Foukakattaritomo, } Qu'il ait été profond.

FUTUR.

Foukakaròtomo ou *tomama,*
Foukakouwa foukakaròmade, } Quoiqu'il soit profond.

Mode Potentiel.

Foukakaròzou,
Foukò aròzou,
Foukakata kotomo aròzou, } Il serait profond, ou il pourra être profond.

Infinitif. — PRÉSENT.

Foukai koto, Être profond,
Foukaito, Qui est profond.

PRÉTÉRIT.

Foukakatta koto,
Foukakattato, } Qui fut, qui était profond.

FUTUR.

Foukakarò koto,
Foukakaròzourou koto, } Devoir être profond.

Foukakaròto,
Foukakaròzourouto, } Qui sera profond.

GÉRONDIF.

n DO. *Foukaini,*
Foukòte,
Foukò site, } Étant profond.

Nota. Ces verbes manquent des gérondifs en *di* et en *dum*; mais on peut les remplacer par *narou*; comme *fouko narou tame* ou *tote : fouko narou yboun de rou*. Les verbes qui se composent avec les particules *gari, garou,* font comme *darougarou tame* ou *tote; fidarougarou toki,* etc.

PARTICIPE PRÉSENT.

Foukai..........{ *mono,* *fito,* *wa,* } Ce qui est profond *ou le profond.*

PRÉTÉRIT.

Foukakatta.......{ *mono,* *fito,* *wa,* } Ce qui fut, ou ce qui était profond.

FUTUR.

Foukakarò . . . . . . $\begin{cases} mono, \\ fito, \\ wa, \end{cases}$ Ce qui sera profond.

§ **60**. *Conjugaison négative des verbes adjectifs.*

Indicatif. — PRÉSENT.

Foukakarazou,
Foukakaranou, } Il n'est pas profond.
Foukò nai,

PRÉTÉRIT.

Foukakarananda, } Il n'était pas profond.
Foukò nakatta,

FUTUR.

Foukakaroumaïy,
Foukakaroumai, } Il ne sera pas profond.
Foukò aroumaïy,

Impératif. — PRÉSENT.

Foukakarouna,
Foukakarazare, } Qu'il ne soit pas profond.
Nafoukakasso,

Optatif. — PRÉSENT.

Foukakarouna kasi ou gana, } Plût à Dieu qu'il ne soit pas profond.
Nafoukakasso kasi,

PRÉTÉRIT.

Foukakaroumai monowo,
Foukakarazoumba yokarò mo- } Plût à Dieu qu'il n'eût pas été profond.
nowo,

FUTUR.

Foukakarouna kasi ou gana,
Nafoukakasso kasi, } Plût à Dieu qu'il ne soit pas profond.
Foukò arouna kasi,

Conjonctif. — PRÉSENT.

Foukakaraneba,
Foukakaranouni, } Comme il n'est pas profond, ou n'étant pas profond.
Foukò nakereba,

LIVRE PREMIER.

PRÉTÉRIT.

Foukakaranandareba,
Foukakaranandani,
Foukò nakattani,
Foukò nakattareba,
} Comme il n'était pas profond.

FUTUR.

Foukakaroumai toki,
Foukò nòte kara ou *notsi,*
} Comme il ne sera pas profond, comme il ne doit pas être profond.

Autre Conjonctif en domo.

PRÉSENT.

Foukakaranedomo,
Foukakarazaredomo,
} Quoiqu'il ne soit pas profond, cependant....

PRÉTÉRIT.

Foukakaranandare domo,
Foukò nakattaredomo,
} Quoiqu'il ne fût pas profond.

FUTUR.

Foukakaroumaykere domo,
Foukò aroumaikere domo,
} Quoiqu'il ne dût pas être profond.

Autre Conjonctif en tomo ou rebatote.

Foukakarazoure tomo,
Foukakara rebatote,
} Bien qu'il ne soit pas profond.

PRÉTÉRIT.

Foukakaranandari tomo,
Foukakarananda rebatote,
} Bien qu'il ne fût pas profond.

FUTUR.

Foukakaroumay koutomo,
Foukakaroumai tomo ou *to mama,*
} Bien qu'il ne soit pas profond.

Conditionnel. — PRÉSENT.

Foukakarazouwa,
Foukakarazoumba,
Foukakaranou naraba,
Foukakaraidewa,
} S'il n'est pas profond.

PRÉTÉRIT.

Foukakaranandaraba,
Foukakarananda naraba,
} S'il ne fut, s'il n'a pas été profond.

FUTUR.

Foukakaroumaïy naraba,
Foukakaranouni woitewa, } S'il ne doit pas être profond.
Foukakarazoumba,

Infinitif. — PRÉSENT ET PRÉTÉRIT.

Foukakaranou koto,   N'être pas profond.
Foukakaranouto,   Qui n'est pas profond.
Foukakarananda koto,   N'être pas profond.
Foukakaranandato,   Qui n'était pas profond.

FUTUR.

Foukakaroumaïy koto,   Qui ne doit pas être profond.
Foukakaroumaïto,   Qui ne sera pas profond.

GÉRONDIF en DO.

Foukakaraide,
Foukakarazou,
Foukakarazou site ; } N'étant pas profond.
Foukakaranouni,
Foukò nòte,

§ 61. Conjugaison du verbe substantif négative. — Radical nò.

Indicatif. — PRÉSENT.

Naï,
Nasi, } Il n'a pas, ou il n'est pas.

PARFAIT ET PLUSQUE-PARFAIT.

Nakatta,   Il n'a pas eu, ou il n'a pas été.

FUTUR.

Nakarò,
Nakaròzou, } Il n'aura pas, ou il ne sera pas.
Nakaròzourou,

Impératif. — PRÉSENT.

Nakare,   Qu'il n'ait pas, ou qu'il ne soit pas.

Optatif. — PRÉSENT.

Nakarekasi ou gana,   Plût à Dieu qu'il n'ait pas.

PARFAIT ET PLUSQUE-PARFAIT.

Nakarò monowo, } Plût à Dieu qu'il n'eût pas.
Nakattaraba yokarò monowo,

FUTUR.

Nakarekasi ou gana,   Plût à Dieu qu'il n'ait pas, qu'il ne doive pas avoir.

LIVRE PREMIER.

Conjonctif. — PRÉSENT.

Nakereba,	Comme il n'a pas, ou n'ayant pas.

PARFAIT ET PLUSQUE-PARFAIT.

Nakattareba,	Comme il n'avait pas ; ou comme il n'a pas eu.
Nakattani,	

Conjonctif en domo. — PRÉSENT.

Nakeredomo,	Quoiqu'il n'ait pas, cependant....

PRÉTÉRIT.

Nakattaredomo,	Quoiqu'il n'eût pas.

FUTUR.

Nakarou maïy keredomo,	Quoiqu'il ne dût pas avoir.

Conjonctif adversatif en tomo.

PRÉSENT.

Nakoutomo,	
Naito mamayo,	Bien qu'il n'ait pas.
Nakerebatote,	

PRÉTÉRIT.

Nakattarebatote,	Bien qu'il n'eût pas.

FUTUR.

Nakaroumaitomo,	Quoiqu'il n'ait pas.
Nakarotomo,	

Conditionnel. — PRÉSENT.

Nakouwa,	
Nakoumba,	S'il n'a, s'il n'avait pas.
Nainaraba,	

PRÉTÉRIT.

Nakattaraba,	S'il n'a pas eu.

FUTUR.

Nakoumba,	
Nakouwa,	S'il n'a pas, *si lui ne pas avoir.*
Nainaraba,	
Naïni woitewa,	

Infinitif. — PRÉSENT.

Naï koto,	N'avoir pas, ou n'être pas.
Naito,	Qui n'a pas, ou qui n'est pas.

PRÉTÉRIT.

Nakatta koto,	Ne pas avoir eu.
Nakattato,	Qui n'a pas eu.

FUTUR.

Nakarò koto,	Ne devoir pas avoir.
Nakaròto,	Qui n'aura pas, qui ne doit pas avoir.

GÉRONDIF.

En DO. *Nòte*,	} N'ayant pas.
Nòsite,	
Nò,	
Nòsite,	} Sans avoir, sans être, n'ayant pas, n'étant pas.
Nòte,	
Nakoute,	
Nakousite,	
No natta,	Achever d'user entièrement.
Note kanawanou,	Ne pouvoir pas manquer d'avoir.

Nota. Les composés de *nai* sont *gozanai*, *worinai*, n'avoir pas ou n'être pas. Précédé de la particule *de*, comme *de nai*, il signifie ne pas être.

Conjugaison affirmative pour la langue écrite.

§ 62. Les conjugaisons de la langue parlée et de la langue écrite (§ 25 *et suiv.*) se rapportent en ce que plusieurs mots sont communs à ces deux styles, pour les tems et pour les modes; elles diffèrent en ce que souvent les mêmes verbes ont plusieurs formes qui ne sont propres qu'à la langue écrite, et différentes particules, les unes qui servent à former les tems et les modes, les autres à marquer le commencement ou la fin du discours. En outre, comme la langue écrite a différens dialectes, il y a encore des particules et des mots qui sont communs à tous les dialectes, et il y en a d'autres qui sont particuliers à quelques-uns d'entr'eux. Les mots qui servent à la formation des tems et des modes de la conjugaison ci-après sont communs à tous les dialectes; et, bien que les conjugaisons de la langue écrite soient aussi au nombre de quatre affirmatives et de trois négatives, il suffit de donner ici les conjugaisons affirmative et négative de l'un des verbes les plus usités, ainsi qu'une conjugaison affirmative des verbes adjectifs, qui suffiront pour former et conjuguer les autres verbes.

§ 63. La formation du présent de l'indicatif, des trois conjugaisons de la langue écrite, est la même que celle des verbes de la langue parlée. (§ 28.) Les verbes de la première conjugaison, qui se terminent au radical par *ye*, ont, dans la langue écrite, indépendamment de la forme ordinaire, une autre forme qui leur est propre. Ceux qui finissent en *aye*, changent cette terminaison en *òrou* ou *ò*, par syncope; comme *ataye*, *atòrou, atò; araye, aròrou, arò; kotaye, kotòrou, kotò..*, etc. Ceux terminés en *oye*, changent cette désinence en *érou* ou *ó*, comme *soye*, *órou, só*.

La forme du prétérit terminée en *eri*, *erou*, sert aux verbes des trois conjugaisons : on ajoute *ri* aux verbes de la première, comme *motomeri*, etc..; ceux de la seconde conjugaison changent *i* en *eri*, *erou*, comme *yomeri*, *yomerou*; ceux de la troisième changent *i* en *yeri*, comme *narayeri, nayeri*.

Les particules *tari, keri, tzourou, tzoutzou, tzou, ki, nou, nourou, tesi, tengheri, en*, et plusieurs autres, se joignent aux radicaux des trois conjugaisons. Les particules qui servent pour le prétérit sont ou simples ou composées les unes avec les autres : les simples sont *tari, keri, tzoutzou, tzou, tzourou, si, ki, nou, nourou, ken, tesi, ten, wawannou*. Celles qui se composent avec d'autres sont *tari, keri, ni*, comme *tarikeri, tariken, taritzourou, tarisi, tariki, nikeri, nitari, niken, niki, nisi, ninan, nifamberi*, etc....

Les particules *keri, tari, ni* se conjuguent par tems et par modes, et marquent toujours le prétérit. Exemple :

Radical. — Keri............	Tari...................	Ni.
Présent et Prétérit.	Tarou...................	Nou ou nourou.
Kerou.........	Tarikerou................	Nitari.
	Tarisi...................	Niki.
	Tariki...................	Nikerou.
	Taritzourou..............	Nisi.
Futur.	Taran...................	Nan.
Ken..........	Tariken.................	Ninan.
	Taroubeki...............	Nouran.
	Taroubesi...............	Noubeki.
		Noubesi.
		Niken.
Conjonctif.		
Kereba........	Tareba..................	Noureba.
Keredomo.....	Tarouni.................	Nourouni.
Keroutomo....	Taredomo...............	Nouredomo.
	Taritomo................	
Conditionnel.		
....	Taraba..................	Naba.
	Tarouni woitewa.........	
Infinitif.		
Keroukoto.....	Tarou koto..............	Nouro koto.

La forme propre du futur des verbes de la première conjugaison se termine en *en*; et les verbes irréguliers de la seconde, qui se conjuguent comme la première (§ 29), se terminent en *in*, en ajoutant *n* au radical; comme *motomen, min*; le verbe *si* et ses composés changent *si* en *sen*. Les verbes de la seconde et de la troisième conjugaison se terminent en *an*, changeant l'*o* du futur en *an*; comme *yomo, yoman*; *tato, tatan*.

Pour le futur, on se sert des particules *beki, besi, baya, nan, ten, taran, taranzourou, taranzouran, tzouran, nouran, ouran, si*.

Les particules *beki, besi* se joignent au présent de l'indicatif des verbes de la première conjugaison, qui perdent alors la désinence *rou*; comme *motomou beki, yomou beki*. *Baya* se joint aux verbes des trois conjugaisons : ceux de la première changent *o* ou *oú* du futur en *baya*: ceux de la seconde et de la troisième changent *ò* du futur en *a*, et l'on ajoute *baya*. Exemples : *Motomebaya, sebaya, mibaya; yomabaya, narawabaya, narouwabaya*.

Il est bon de faire observer ici, au sujet de la particule *si* du futur, qu'il y a trois particules semblables qui ont des usages différens. Savoir, 1° *Ghenzaino si*, c'est-à-dire *si* pour le présent, comme *yamatowosi, sato tsorasi, youki sitosi*; 2° *Kouakono si*, c'est-à-dire *si* pour le prétérit, qui se joint aux radicaux de tous les verbes, comme *motomesi, yomisi, noumisi*; 3° *Miraino si*, c'est-à-dire *si* pour le futur, comme *mòsamasi, tamawamasi, narawamasi, siramasi, kouyasikaramasi*.

Il y a d'autres particules composées de quelques-unes des particules qui servent pour le prétérit, et de quelques-unes de celles du futur, qui expriment aussi le futur : telles sont *bekarikerou, bekarisi, noubeki, taroubesi, bekariken*.

Les particules *ran, ken*, précédées de *koso*, changent *n* en *me*, comme *yatoite koso mairame, sakoso nikousito wobosime sitzourame*.

L'optatif, le conjonctif et le conditionnel sont les mêmes que dans la langue parlée (§ 32); mais le conjonctif a encore une forme particulière à la langue écrite, c'est *sikaba*, que l'on ajoute aux radicaux de tous les verbes, comme *yomisikaba, motomesikaba, naraisikaba*.

Les formes du prétérit terminées en *rou, tarou, kerou, nourou*, changent, pour le conjonctif, cette désinence *rou* en *reba*; comme *yomitareba, yomikereba, yominoureba*; et pour le conditionnel, *nourou* se change en *naba*, comme *yominaba, motomenaba*.

Le participe se forme en ajoutant *te* au radical de tous les verbes, comme *motomete*, *naraite*, *kakite*. Les verbes de la seconde conjugaison terminés en *bi* ou *mi*, font aussi *onde* au participe, comme *yonde*, *tonde*. Ceux qui sont terminés en *ai*, font aussi *tte* (avec deux *tt*), comme *farai*, *faratte*; *narai*, *naratte*; *sitagai*, *sitagatte*.

§ 64.

Indicatif. — PRÉSENT.

Radical : *Yomi*.

Yomou,   Je lis.

PRÉTÉRIT ET PLUSQUE-PARFAIT.

Yomeri, *Yomerou*,
Yomitari, *Yomitarou*,
Yomikeri, *Yomikerou*, } Je lis,
Yomitzourou, *Yomitzoutzou*, } Je lisais,
Yomitzou, *Yomisi*, } J'avais lu, etc.
Yomiki, *Yominourou*,
Yomite arisi, *Yomitarisi*,

FUTUR.

Yoman,
Yomanzou,
Yomanzourou,
Yomoubeki, } Je lirai, j'aurai lu.
Yomoubesi,
Yomoubaya,

Impératif. — PRÉSENT ET FUTUR.

Yome,   Lis.
Yomoubezi,   Liras-tu ?

Infinitif.

Yomou koto,   Lire,
Yomoubeki koto,   Devoir lire,
Yomouto,   Ce que je lis.
Yomi kerouto,   Ce que j'ai lu, ce que je lirai.

PARTICIPE.

Yomite,   Lisant, ayant lu.

§ 64 bis. *Conjugaison négative pour la langue écrite.*

Indicatif. — PRÉSENT.
Radical : *Yomazari*.

Yomazarou,
Yomazou, } Je ne lis pas.
Yomanou,

PRÉTÉRIT.

Yomazarikerou,
Yomazarisi, } Je ne lisais pas, je n'ai pas lu, je n'avais pas lu.
Yomazariki,

FUTUR.

Yomazaran,
Yomoumayki,
Yomoubekarazou, } Je ne lirai pas, je ne dois pas lire.
Yomoubekarazarou,
Yomey,

Impératif. — PRÉSENT ET FUTUR.

Yomounare,
Yomoubekarazou,
Yomouna, } Ne lis pas.
Yomou koto nakare, } Tu ne liras pas.
Yomou koto aroubekarazou,
Yomoubekarazarou mono nari,

Optatif.

Yomoumayki monowo,   Que n'ai-je lu !

Conjonctif. — PRÉSENT.

Yomazarouni,
Yomazareba, } Comme je ne lis pas.

PRÉTÉRIT.

Yomazarikereba,
Yomazarikerouni, } Comme je n'ai pas lu.

FUTUR.

Yomoumaykereba,
Yomoumaykini, } Comme je ne dois pas lire.

Conjonctif en domo.

Yomazaredomo,
Yomazouto iyedomo, } Puisque je ne lis pas.

LIVRE PREMIER.

PRÉTÉRIT.

Yomazirisika domo,   Puisque je n'ai pas lu.

FUTUR.

Yomoumay keredomo,
Yomoubekarazaredomo,   } Puisque je ne dois pas lire.

Conditionnel.

Yomazouna,
Yomazoumba,   } Si je ne lis pas, si je ne dois pas lire.

Infinitif.

Yomazarou koto,
Yomazarikerou koto,
Yomoumayki koto,
Yomoubekarazarou koto,
Yomoubekarazarouno moune,
Yomoubekarazarou yosi,   } Ne pas lire, ce que je ne lis pas : Ne pas devoir lire, ce que je ne lirai pas.

PARTICIPE.

Yomazou,
Yomazou site,   } Ne lisant pas, sans lire, avant de lire, ou d'avoir lu.

§ 65. *Conjugaison affirmative des verbes adjectifs pour la langue écrite.*

Indicatif. — PRÉSENT.

Radical : *Foukaki*,   Être profond.

Foukakou,
Foukasi,   } Il est profond.

PRÉTÉRIT.

Foukakarisi,
Foukakarikerou,
Foukakaritzourou,   } Il était, il fut profond.

FUTUR.

Foukakaran,
Foukakarasi,
Foukakarinan,
Foukakaroubesi ou beki,   } Il sera profond.

Impératif.

Foukakare,
Foukakaroubesi,   } Qu'il soit profond.

Optatif.

Foukakara,
Foukakaranniwa,   } Plût à Dieu qu'il soit, qu'il dût être profond !

Conjonctif.

Foukakereba,
Foukakini,
} Comme il est profond, ou étant profond.

PRÉTÉRIT.

Foukakari kereba,
Foukakaritzourouni,
Foukakarisini,
Foukakari kerouni,
} Comme il était profond.

FUTUR.

Foukakaroubekini,
Foukakaroubekereba,
} Comme il doit être profond.
Foukakaren toki,
} Quand il sera profond.

Conjonctif en domo, tomo et tote.

Foukakaredomo,
Foukakarito iyedomo,
Foukakarabe keredomo,
Foukakoutomo,
Foukakoubatote,
Foukakoumbekoutomo,
} Quoiqu'il soit, quoiqu'il fût, quoiqu'il ait été, quoiqu'il doive être profond, cependant....

Conditionnel.

Foukakouwa,
Foukakoumba,
Foukakarisikaba,
Foukakaranni woitewa,
} S'il est, s'il était, s'il doit être profond.

GÉRONDIF en do.

Foukakou,
Foukakoute,
Foukòsite,
Foukakini,
} Étant profond.

La conjugaison négative de ce verbe, *foukakarazou, foukakarazarou, foukakaranou, foukakarazarini, foukakarazarikerou, foukakarazaroumayki, foukakarazare, foukakarazareba, foukakarazoumba,* etc..., suit la seconde conjugaison.

§ 66. *Conjugaison du verbe* sòrai, sòrò *ou* soro.

Sòrai, sòrò ou soro, n'est que la contraction du verbe substantif *sabourai, sabourò,* qui, d'après les règles du *Kanadzoukai,* s'écrit *safourai*; et, suivant les règles du *Kana, safou* doit se lire *sò*; ainsi, *sabou* ou *safou* se contracte en *sò* dans la prononciation : l'on dit donc *sòrai*, *sòrò* pour *sabourai*, *sabourò*.

Ce verbe *sòrò* et ses composés se conjugue comme la troisième conjugaison ; nous donnons néanmoins ici ce verbe séparément, parce qu'il est d'un usage très-fréquent dans la langue écrite. C'est d'abord le seul mot qui serve à marquer le tems des verbes, ainsi que *mairasourou* pour la langue parlée ; il s'ajoute alors aux radicaux des verbes, comme *motome soro* pour *motomourou* ; *mòsoubekou soro* pour *mòsòzou*. Avec les verbes négatifs, il se joint à toutes les formes terminées en *zou*, comme *motomezou soro, motomoubekarazou soro*; cependant on dit aussi *motome soro, wazou soro*. 2° Il remplace notre verbe substantif *avoir*. Quand il est précédé de *ni* ou *nite* ou *do* pour la langue parlée, il signifie *être* ; comme *christamnite soro* ; et dans le même sens, *nite goza soro, nite gozanakou soro*.

Indicatif. — PRÉSENT.
Radical : *Sorai*, Être, ou avoir.

Sòrò,
Soro,
} Je suis, j'ai.

PRÉTÉRIT.

Soraiki,
Sorotzou ou *tzourou*,
Sorainou,
Sòraisi,
} J'étais, je fus.

FUTUR.

Sorawan,
Sorofan,
Sorowan,
Sorozourou,
Sorobekou soro,
Sorobeki,
Sorobesi,
Bekou soro,
} Je serai, j'aurai été.

Impératif.

Soraye,
Soroye,
Sorobeki ou *besi*,
} Sois, qu'il soit.

Optatif. — PRÉSENT ET FUTUR.

Sorayekasi,
Soroyekasi,
} Plût à Dieu que je sois !

GRAMMAIRE JAPONAISE,

PRÉTÉRIT.

Sorowan monowo,
Sòraisi monowo, } Que n'ai-je été !

Conjonctif. — PRÉSENT.

Sòrayeba,
Soroyeba,
Sòròni,
Sòrò tokoroni, } Comme je suis, ou étant.

PRÉTÉRIT.

Sòraitzoureba,
Sorotzoureba,
Sòraisini,
Sorotzourouni,
Sòraisikaba,
Sòraitzourouni, } Comme j'étais, comme je fus.

FUTUR.

Sorofanzoureba,
Sorowanzoureba,
Sorozoureba,
Sòròbekereba,
Sòròbekini, } Comme je serai, ou comme je dois être.

Conjonctif en domo.

Sòrayedomo,
Soroyedomo,
Sòròto iyedomo, } Quoique je sois.

PRÉTÉRIT.

Sòraitzouredomo,
Sorotzouredomo,
Sòraisito iyedomo,
Sòraisikadomo, } Quoique je fusse, quoique j'aie été.

FUTUR.

Sorowanzouredomo,
Sorozouredomo,
Sorobekeredomo,
Sorozourouwo, } Quoique je doive être.

Conjonctif en tomo ou batote.

Sorotomo,
Sòròtomo,
Soroto yoútomo,
Sòrayebatote, } Bien que je sois.

Conditionnel.

Sorofaba,	
Sorowaba,	
Sòrawaba,	Si je suis, si j'étais.
Sòròni woitewa,	
Sòravanni woitewa,	

Infinitif.

Soro koto,	
Sòrò koto,	Être.
Sorozourou koto,	
Sorobeki koto,	

PRÉTÉRIT.

Sòraisi koto,	Avoir été.
Sorotzourou koto,	

FUTUR.

Sorowan koto,	
Sòrawan koto,	Devoir être.
Sorobeki koto,	

PARTICIPE ET GÉRONDIF.

Sorote,	Étant.
Sòraite,	

Conjugaison négative.

PRÉSENT ET PRÉTÉRIT.

Sorowazou,	
Sòròwazou,	Je ne suis pas, je n'étais pas, je n'ai pas été.
Sorowazou soro,	
Kotowakou soro,	

FUTUR.

Soromaykou soro,	Je ne serai pas.
Bekarazou soro,	

Impératif.

Soromaykou soro,	
Koto aroumaykou soro,	Ne sois pas, qu'il ne soit pas.
Bekarazou soro,	

Conjonctif et Conditionnel.

Sorowaneba,	Comme je ne suis pas, ou n'étant pas.
Sorowanedomo,	Quoique je ne sois pas.
Sòròmai keredomo,	Quoique je ne doive pas être.
Sòrawazouwa,	} Si je ne suis, si je n'étais pas.
Maiykou sorofaba,	

GÉRONDIF ET PARTICIPE.

Sorowade,	
Sòrawade,	} N'étant pas.
Sorowazou,	

FIN DE LA PREMIÈRE PARTIE.

ÉLÉMENS

DE
LA GRAMMAIRE JAPONAISE.

LIVRE SECOND.

DES PARTIES DU DISCOURS ET DE LA SYNTAXE.

§ 67. Toutes les parties du discours se désignent, en japonais, par trois mots : 1° *Na* exprime le nom, et l'on entend par là tous les noms substantifs et adjectifs, les conjonctions, les interjections, les prépositions ou post-positions, et tous les autres mots en général qui sont représentés par une lettre ou caractère qui leur est propre, et qui ne sont pas des verbes. 2° *Kotoba, le verbe*, qui comprend toute sorte de verbes tant substantifs qu'adjectifs et autres. 3° Les mots *tenifa* ou *teniwofa* ou *soutegana* ou *wokiy* indiquent les articles tels que *ni*, *wo*, *woba*, et généralement toutes les particules qui ne sont représentées par aucun caractère chinois particulier, mais qui sont propres à la langue naturelle du Japon ; telles que *mo*, *nimo*, *de*, *nite*, etc.

Cependant les parties du discours sont, en japonais, au nombre de dix, savoir : le nom, le pronom, le verbe, le participe, la post-position, l'adverbe, la conjonction, l'interjection, l'article et la particule.

§ 68. Ainsi que nous l'avons dit plus haut, tout mot japonais représenté par un caractère qui lui est propre, doit nécessairement se lire de deux manières, que l'on nomme *wa* et *kan*. *Kan* veut dire la Chine, ou plutôt c'est le nom d'une dynastie que les Japonais nomment *Kan*, et les Chinois *Han*, sous laquelle les Japonais adoptèrent les caractères chinois. (§ 1er.) *Wa* signifie le Japon ; d'où l'on dit *sewa, langue vulgaire japonaise*; *Wakokou, le royaume du Japon*.

Les Japonais ont donc deux sortes de langues bien distinctes. L'une se nomme *koye*, et n'est autre que la langue chinoise ; l'autre se nomme *yomi* (on lui donne aussi les noms de *wago*, *sewa*, *yamato kotoba*, *kanano kotoba*), et c'est la langue naturelle des Japonais, que l'on nomme ainsi parce qu'elle n'est que l'interprétation du *koye*.

Il y a cependant une grande différence entre le *yomi* et le *koye*, puisque presque tous les mots de ce dernier idiome sont monosyllabiques; et, que soit noms ou verbes, ils ne changent ni de tems, ni de mode, ni de cas, ni de nombre; ils sont indéclinables. C'est sans doute pour cela que quelques-uns des premiers auteurs japonais lui ont fort improprement donné le nom de *kobita*, *rare*, *extraordinaire*. En *yomi*, au contraire, les noms se déclinent, pour tous les cas, avec des articles; et les verbes se conjuguent, pour tous les tems et pour tous les modes, avec les mots qui leur sont propres. Exemples : *Sen-nin* en *koye*, ou *yoki fito* en *yomi*, veut dire *homme bon*. *Ghe-ten* est *koye*, son *yomi* est *ama koundarou*, *descendre du ciel*.

DU NOM. (§ 7.)

§ 69. Le nom est ou substantif ou adjectif, simple ou composé, *koye* ou *yomi*. Les différentes divisions des noms substantifs sont les mêmes qu'en latin, savoir : noms propres, noms appellatifs, noms collectifs, etc.

Des différentes manières de former les noms substantifs.

§ 70. Il est facile de connaître un grand nombre de mots, lorsqu'on sait quelles sont les différentes manières de les former. Voici les règles les plus importantes à ce sujet. 1° Presque toutes les racines des verbes sont des noms verbaux (§ 28), qui expriment ordinairement l'action du verbe, comme *yokorobi*, gaîté; *nagousami*, divertissement; *ourami*, plainte; *katsi*, victoire; *make*, perte; *narai*, instruction; *yomi*, lecture; *motome*, acquisition; etc... En ajoutant donc au radical d'un verbe, quel qu'il soit, la syllabe *te*, on fait un nom verbal qui exprime l'agent de tel verbe ou le moteur de telle action; comme *motomete*, acquéreur; *yomite*, lecteur; *kakite*, écrivain; etc.

2° En ajoutant le mot *me*, yeux ou vue au radical de quelques verbes, on forme un substantif qui exprime la fin ou le but de tel verbe. Comme *mime*, physionomie; *awaseme*, jointure; *fougoueme*, trou; *worime*, pli; *akaime*, terme ou limite; etc.

3° En plaçant certains noms, soit avant soit après le radical d'un verbe, et suivant cette position, les uns expriment l'agent, et les autres l'instrument de l'action. Ceux qui sont placés devant le verbe, et qui expriment l'agent, sont comme *mono iy*, parleur; *mono kaki*, écrivain; *fa nouke*, sans dents (édenté); *mouma nori*, cavalier; *mono siri*, lettré; *koutsi kiki*, éloquent, (orateur); *me kiki*, qui a bon œil (bon connaisseur); *kosika gami*, bossu; et plusieurs autres.

Ceux qui, placés devant le radical d'un verbe, marquent l'instrument de l'action, sont comme *ouwasiki*, natte; *wakizasi*, poignard; *midzouyre*, vase d'eau; etc.... Les mots que l'on trouve le plus ordinairement placés après les verbes, sont *mono* et *goto*; comme *fokemono*, petit; *damarimono*, méchant; *worimono*, une chose tissue; *nomimono*, une chose pour boire; *koui mono*, une chose pour manger; etc.... *Goto* sert à former des substantifs qui expriment une chose *pour faire*... comme *sigoto*, travail; *yomigoto*, chose pour lire (livre); *kakigoto*, chose pour écrire (pinceau).

4° L'on forme encore des noms en réunissant deux radicaux de verbes; comme *detatsi*, habillement; *noukigaki*, abrégé; *fasirimai*, privé; etc.

5° De tous les verbes adjectifs terminés en *ai*, *ei*, *ü*, *oi*, *oui*, on forme les noms substantifs abstraits, en changeant l'*i* en *sa*. Exemples: *Nagai*, *nagasa*, longueur; *sighei*, *sighesa*, épaisseur; *kourousü*, *kourousisa*, tristesse, douleur; *siroi*, *sirosa*, blancheur; *nouroui*, *nourousa*, tiédeur.

6° On forme encore un grand nombre de noms en ajoutant à certains mots du *koye* l'une des particules négatives *bou*, *mou*, *fou*, *fi*, *mi*; comme *bouy*, paix; *bouto*, crime; *mouri*, sans raison; *mouyou*, sans fin; *fouyn*, chasteté; *fouko*, désobéissance; etc.

7° En ajoutant à quelques mots du *koye* l'un de ces quatre substantifs, *sa*, *ya*, *nin*, *yin*, qui signifient *homme*. Exemples: *Annaisa*, guide; *dosinya*, ermite; *moniysa*, lettré; *gakousa*, lettré; *isa*, médecin; *danghisa*, prédicateur; *ikenya*, conseiller; *sakousa*, créateur (qui fait quelque ouvrage); *foukouyin*, riche; *kiakouyin*, hôte; *gounin*, ignorant.

DE L'ADJECTIF. (§ 11.)

§ 74. Les adjectifs sont de deux sortes, quant à leurs terminaisons. Les uns se terminent en *no*, comme *moromorono*, tous; *kazoukazouno*, plusieurs; *amatano*, beaucoup; *makotono*, véritable; et ce ne sont que des substantifs au génitif *no,* dont on se sert au lieu d'adjectifs. Il y a cependant quelques adjectifs appartenant à cette classe, qui doivent être regardés comme des noms indéclinables qui ne prennent aucune particule, et qui ne sont par conséquent pas susceptibles de la marque déterminative du génitif, la terminaison *no;* comme *ko*, petit *; wo, grand.*

Les autres adjectifs se subdivisent en deux classes. On range dans la première ceux qui sont proprement des verbes anomaux (§ 55), et qui comprennent, en un seul mot, un nom adjectif et le verbe substantif *être.* Ils se terminent par les syllabes *ai, ei, ü, oi, oui, na* ou *narou,* et les cinq premières font *ki* dans la langue écrite. Ces verbes anomaux, placés devant les noms substantifs, répondent à un adjectif, quoique la phrase soit relative. Exemples : *Takai yama, montagne élevée* ou *qui est élevée; sighei ki, arbres touffus* ou *qui sont touffus; nouroui midzou, eau tiède* ou *qui est tiède,* etc....

Les adjectifs de la seconde classe sont ceux qui se forment des adjectifs terminés en *ai, ei, ü, oi, oui,* en perdant tous le dernier *i,* excepté ceux qui sont terminés en *oi,* lesquels changent quelquefois *oi* en *a.* Exemples : *Takayma, montagne élevée; kourofoune, vaisseau noir; siraito* ou *siraga, soie blanche; sounemono, homme terrible; fouroudògou, choses vieilles;* etc...

Les Japonais n'ont point d'adjectifs dérivés des noms substantifs; ni d'adjectifs possessifs, qui indiquent qu'une chose est possédée ou appartient à telle personne. On les remplace par le substantif au génitif en *no* ou *ga.* Exemples : *Tenno, céleste* ou *du ciel; tsino, terrestre* ou *de la terre; moukasino, antique* ou *de l'antiquité; kino, de bois; wogano, paternel* ou *de père; tei wono mouma, cheval royal* ou *du roi.*

Quelquefois on remplace ces adjectifs par deux substantifs, sans la particule du génitif; et alors le premier de ces substantifs perd une syllabe ou la change en une autre. Comme *kanatodai, chandelier de métal* ou *de fer; kanakoughei, clou de fer; takekoughi, clou de bambou; kanadzoutsi, marteau de fer; kibotoke, idole de bois; kanabotoke, idole de fer; isibasira; colonne de pierre.*

Presque tous les prétérits des verbes ont une signification adjective. Exemples : *Kakareta koto, chose écrite; yomareta kio, livre lu;* etc...

DE L'INTERROGATIF.

§ 72. L'interrogatif dont nous nous servons pour nous informer de

LIVRE SECOND.

quelque chose, exprime tantôt un objet matériel, et on répond alors par le pronom personnel ou démonstratif; comme *tareka, nani, dorezo, tare, taso, dore;* ou bien il indique une chose *accidentelle*, comme *ykatsou, ykayona.* Quelques-uns ont leurs équivalens dans notre langue ; ce sont les suivans :

Tare, dore, qui? lequel? Réponse : *are, kare, sore, kore;* celui-ci, celle. — *Dono, qui? quoi?* Réponse : *kono, sono, ano, kano,* ce, cela. — *Doko, dotsi, où?* Réponse : *koro, soko, asoko, kasiko, kotsi, sotsi, atsi, kotsira, sotsira.* Ici, là, en ce lieu-ci. — *Donata, où? par où?* Réponse : *anata, sonata, konata, kanata;* ici, par ici; etc... (§ 24).

DU RELATIF. (§ 23.)

§ 73. Le pronom relatif est celui qui rappelle à la mémoire un nom précédemment exprimé. Les Japonais manquent du relatif *qui, quæ, quod* ou *quid;* mais on les remplace en mettant l'antécédent immédiatement après le verbe auquel le relatif a rapport, ainsi qu'il a déjà été dit (§ 93). Exemples : *Maita fito,* l'homme qui voit; *youta koto domowo,* as-tu entendu les choses que j'ai dites? *Woserarourou kotowo kikiyete gozarou,* j'entendis les choses que vous dites. Dans ce dernier exemple, *kotowo* est l'antécédent ; *woserarourou* est le verbe auquel se rapporte le relatif *que,* sous-entendu.

Les pronoms *kono, kore, kare, are, sore* s'emploient souvent comme relatifs, quand il se trouve deux membres de phrase. Exemple : *Nogiga zombounna, kore fitono zombounni kotonari :* Quant à votre opinion, elle est différente de l'opinion des autres.

Le relatif *accidentel* sert pour les quantités contenues ou discrètes, ou pour les qualités. Pour exprimer la quantité, on se sert de *fodo.* Exemples : *Kono iyewa yama fodo takai :* Cette maison est aussi haute qu'une montagne. *Arega tosiwa ano fitono fodo arou :* Il est aussi âgé que cet homme-là, (Mot à mot) *ses années sont en aussi grand nombre que celles de cet homme.* Pour le relatif de qualité, on se sert de *gotokou yona,* et quelquefois aussi de *fodo.* (§ 93.)

Des Comparatifs et des Superlatifs.

§ 74. On forme le comparatif en plaçant l'adverbe *nawo* devant l'ad-

,jectif au positif, et la particule *yomi*, ou *yorimo*, ou *yoriwa*, devant la chose comparée. Exemple : *Kono fitowa are yorimo nawo gakousade arou* : Cet homme-ci est plus savant que celui-là. La comparaison se fait aussi quelquefois sans l'adverbe *nawo*. Exemple : *Kono iyewa yorimo takai* : Cette maison est plus élevée que celle-là.

Quand la phrase est négative, on se sert plus élégamment de *fodo* pour marquer la comparaison. Exemples : *Yen fodo taiseta monowai* : Il n'y a pas de chose plus digne d'être aimée, (mot à mot *plus aimable*) que la vertu. *Ano fito fodo wadakamatta monowo minou* : Je n'ai point vu d'homme plus méchant que celui-là.

Le superlatif se forme en ajoutant l'une des particules suivantes : *ytsi*, *daitsi*, *tenka itsi*, *sayò*, *yò*, et plusieurs autres semblables. Comme, *teka daitsino gakousade arou* : C'est le plus grand lettré de tout le royaume. *Kiatsouwa nippon ytsino daikenaghe monogia* : C'est l'homme le plus courageux de tout le Japon.

DU PRONOM.

Deuxième partie du Discours.

§. 75. Les Japonais n'ont que les pronoms primitifs; ils manquent des dérivés *mon*, *ton*, *son*, qu'ils remplacent par les pronoms primitifs au génitif en *no* ou *ga*; comme *sonatana*, *wareraga*, etc.... (§ 19.)

Les pronoms démonstratifs, qui indiquent la chose, sont les suivans : *ware*, *nangi*, *are*, *kore*, *kare*, *sono*, *sore*, *awo*, *kano*; parmi ceux-ci, *kore*, *kare*, *sono* et *sore* servent aussi de relatifs. (§ 18.)

Les réciproques *sui*, *sibi*, *se*, s'expriment par *midzou karano* ou *mino*, *wareto mini* ou *mini* ; *wareto miwo* ou *miwo* ; *waga miwo*. (§ 22.)

Le pronom possessif *son*, *sa*, *ses*, se rend par *soto mino*, *soto fitono*, *nousino*, et pour les personnes auxquelles on doit le respect, on se sert des particules honorifiques *ghio*, *go*, *won*, *wo*, *mi*, *ki*, etc.... Exemples : *Mite*, ses mains; *won foumi*, votre ou *sa lettre*; *gozomboun*, votre ou *sa volonté* ; *ghioy*, son ou votre ordre. (§ 20.)

§ 76. Les pronoms, tant dérivés que primitifs, expriment soit le respect, soit l'humilité. On se sert de ceux qui marquent le respect quand on parle à des personnes qui occupent un rang élevé, ou à des vieillards.

On se sert de ceux qui expriment l'humilité quand on s'adresse à des inférieurs, quand on parle de soi-même ou de choses dont on fait peu de cas. Quelques-uns de ces pronoms ne sont usités que dans le langage ; d'autres ne le sont que dans la langue écrite ; d'autres enfin sont communs aux deux idiomes. Nous ne donnerons ici que ceux dont l'usage est le plus fréquent.

Pronoms de la première personne.

Ware, warera, watakousi, soregasi; je ou *moi,* formules de politesse dont on se sert pour parler aux autres avec respect, et avec humilité de soi-même. Les mots *ware, warera* s'emploient également dans la langue parlée et dans la langue écrite. Les deux autres, *watakousi* et *soregasi,* ne s'emploient que dans le langage.

Mi, miga, midomo, midomoraga, kotsi, kotsiga, je ou *moi,* pour les inférieurs à l'égard de leurs supérieurs.

Gousò, je ou *moi,* pour les bonzes ou les religieux. (*Ego indignus.*)

Gourò, je ou *moi,* pour les vieillards.

Tsinga, je ou *moi,* pronom dont le roi seul peut se servir.

Midzoukara, warawa, wagami, je ou *moi,* pour les femmes seulement.

Wara, worara, je ou *moi,* pronoms dont se servent les gens du peuple en parlant entr'eux.

Pronoms de la deuxième personne.

Nangi, waga, wonore, wonorega, sotsi, sotsiga, wonoga, nousi, tu ou *toi,* pronoms dont se servent les domestiques, les disciples et les enfans. On ajoute quelquefois la particule *me* après les cinq derniers pronoms, avec ou sans la terminaison *ga,* comme *wonoreme* ou *wonoremega, sotsime* ou *sotsimega.*

Observation. Presque tous les pronoms terminés en *me* expriment le dédain, le peu de cas que l'on fait d'une chose ; mais quand on y ajoute *ga,* c'est la marque du plus grand mépris, ou de la plus grande humilité.

Konata, kifo, kifen, kiso, kiden, sonofo, sonata, vous, terme honorifique, comme *votre excellence.* Exemple : *Konatawa korewo gozonyi naika? Vous n'avez donc pas su cela? Kifò, kifen, kiso, kiden,* ne sont guère en usage que dans la langue écrite ; et l'on y ajoute quelquefois la particule *sana*, pour exprimer le plus grand respect.

Kiro, *kiso*, *votre grandeur, votre révérence*, en parlant aux bonzes et aux vieillards.

Woumi, *vous* honorifique, commun aux deux idiomes.

Wonowono, *katagata*, *wokatagata*, *vos excellences*.

Pronoms de la troisième personne.

Nousi, *areraga*, *arega*, *il*, *lui*, en parlant des inférieurs.

Are, *arega*, *sore*, *sorega*, *kare*, *karega*, *kore*, *korega*, *il*, *lui*, *celui*, *cela*, *ce*, en parlant des choses dont on fait peu de cas, ou de personnes inférieures. *Ano* (1), *sono*, *sonomi*, *anata*, *kano*, *kono*, *konomi*, *konata*; *il*, *lui*, *celui*, *cet*, *ce*, de politesse.

Aitsouga, *aitsoumega*, *aremega*, *koitsouga*, *koitsoumega*; *il*, *lui*, en parlant des gens de la dernière classe du peuple.

Wonowono, *eux*, honorifique.

Arou, *quidam*, *quelqu'un*; *arou fito*, *quidam homo*.

DU VERBE.

Troisième partie du Discours.

§ 77. Tous les verbes japonais, quels qu'ils soient, se divisent en verbes affirmatifs et en verbes négatifs. Les affirmatifs sont ceux qui par eux-mêmes affirment l'action qu'ils expriment. Ils se terminent en *e*, *ou*, *i*, *ò*, *eó*, *ó*, *ioú*, *oú*, pour le radical; et en *oú*, *ó*, *ò*, *ai*, *ei*, *ü*, *oi*, *oui*, au présent de l'indicatif; comme *motome*, *motomourou*; *yomi*, *yomou*; *kouroui*, *kouroú*; *narai*, *narò*; *womoi*, *womò*, *fouko*; *foukai*; etc.

Les verbes négatifs sont ceux qui renferment dans leur signification la négation de l'action exprimée par les verbes affirmatifs, et dont le présent de l'indicatif se termine en *nou* ou *zou* ou *zarou*; comme *motomenou*, *motomezou*, *motomezarou*. On excepte le verbe substantif négatif *nai* et ses composés. (§ 25.)

---

(1) Il y a la même différence entre les pronoms *kono*, *ano* et *sono*, qu'entre les pronoms Hic (*kono*), ille (*ano*), iste (*sono*). Exemples : *Sono koto*, ista res ; *ano fito*, ille homo.

§ 77 *bis:* Les verbes, tant négatifs qu'affirmatifs, sont personnels ou impersonnels. Le verbe personnel est celui qui a, pour chaque tems de tous les modes, un seul mot servant pour les première, seconde et troisième personnes des deux nombres. Le verbe impersonnel est celui qui n'indique pas une personne déterminée, et qui a un sens passif. Il se forme des verbes actifs, en ajoutant, au radical des verbes de la première conjugaison, la particule *rare*, et *re* pour les verbes de la seconde et de la troisième conjugaison. Comme *motomerare, motomerarourou, motomerarenou; yomare, yomarourou, yomarenou; naraware, narawarourou;* etc....

Les verbes personnels se divisent en actifs, passifs, neutres et communs; et les verbes actifs se divisent en simples et en transitifs. L'actif simple est celui qui sert à former les verbes passifs. Exemple : *Motomourou, yomou, narò*. Le transitif est celui qui exprime l'action de faire faire ou de laisser faire une chose; et qui ne peut jamais devenir passif. Comme *motomezasourou, yamasourou, narawarourou*.

Le verbe passif se forme du verbe actif simple, en ajoutant *nare* ou *rarourou* au radical des verbes de la première conjugaison; comme *motomerarourou*. Les verbes de la seconde et de la troisième conjugaison se forment en changeant l'ò du futur en *a*, et en ajoutant *ra* ou *rourou;* comme *motomerarourou, yomarourou, narawarourou*.

Le verbe neutre est celui qui ne peut jamais devenir passif, comme *noborou, aragou, yorokobou;* mais qui devient actif simple quand on y ajoute les particules *sase, sasourou, se, sourou :* il suit alors la même formation que les verbes actifs transitifs; comme *yorokobasourou, nobousourou, agarasourou,* etc.

Les verbes neutres se divisent en *simples, absolus* et *adjectifs*. L'absolu a une signification absolue et indépendante de toute chose extérieure; il se termine de même que les verbes neutres simples : il peut se rendre par *se* ou *soi*, et il dérive des verbes actifs. Exemples : *Aki, akou, se fâcher; tsiri, tsirou, se répandre; kakourourou, se cacher; tatsou, s'élever; kike, kikourou, s'entendre; yome, yomourou, se lire* ou *être lisible; kire, kirourou, se couper; tore, torourou, s'apaiser*. Le verbe neutre adjectif est celui qui exprime en un seul mot le verbe substantif et un nom adjectif, ou une action animale quelconque, et dont le présent de l'indicatif se termine en *ai, ei, ii, oi, oui, na* ou *narou* pour la langue parlée, et en *ki* pour la langue écrite ; comme *foukai*, *siroi*, *medetai*, *fidaroui*, etc....

Le verbe commun est celui qui a tout à la fois une signification active et neutre, et dont on fait un verbe passif en y ajoutant les particules *re* et *rare*; comme *sòsourou*, *mòsou*, *you*, *yobou*, etc....

Les verbes impersonnels sont actifs ou passifs, et ils prennent le cas que régit le verbe personnel auquel ils ont rapport. Cette règle est très-générale, surtout si le verbe personnel est suivi de l'un de ces mots *koto*, *mono*, *monogia*, *kotogia*, *monoka*, *kotoka*; comme *monomo tabezou*, *sakemo nomaide itsi nitsi fatarakou monoka?* Comment peut-on travailler tout le jour sans manger, ni boire du vin? Les verbes impersonnels passifs se forment des verbes actifs neutres simples en ajoutant les particules *rare* ou *re*.

§ 78. Les verbes japonais sont ou simples ou composés. Les simples sont comme *motome*, *yomi*, *narai*, etc.... Il y a quatre sortes de verbes composés : ceux de la première sorte sont formés de deux verbes, dont le premier, qui est le radical, exprime le mode ou l'action, comme *kirikorou*, *prendre par les armes*. Ceux de la deuxième sorte sont composés de différentes particules honorifiques, comme *motomerare*, *motomesarerare*, *womotome nasare*, *motometamai*; ou de particules marquant l'humilité, telles que *tatematsouroi*, *mairase*, *mòsi*, comme *motome tatematsourou*, *motome mairasourou*, *motome mòsou*.

Les verbes de la troisième sorte sont composés de particules telles que *sase* et *se*, qui altèrent leur signification, et qui en font des verbes transitifs et actifs, de neutres qu'ils étaient. Les verbes de la quatrième sorte sont composés de certaines particules, telles que *outsi*, *wosi*, *woi*, *fase*, *ai*, *toni*, *asi*, etc..., qui seules donnent de la force et de l'énergie au verbe; comme *wosikomou*, *outsisatasou*, *woikakourou*, *fasenoborou*, *aitawarou*, etc.... (§ 5.)

Ou le verbe simple est commun de sa nature, sans marquer aucun degré d'honneur, comme *motomourou*, *yomou*, *narò*; ou il est honorifique par lui-même, comme *wawasimasou*, *koudasarourou*, *kikosimesou*, *saserarourou*, *wòserarourou*, etc., etc., etc.

§ 78 *bis*. C'est des verbes actifs des trois conjugaisons que se forment la plupart des verbes neutres. Parmi les verbes actifs de la première conjugaison, les uns changent *e* du radical en *i*, comme *narabe*, *égaler*;

narabi, *s'égaler*. Les autres changent *e* ou *oue* en *ari*, comme *agoue*, *élever*; *agari*, *s'élever*. Parmi ceux qui sont terminés en *ye*, les uns changent *ye* en *wari*, comme *kaye*, *changer*; *kawari*, *se changer*; *sonaye*, *placer*; *sonawari*, *se placer*. Les autres changent *ye* en *i*, comme *kanaye*, *remplir*; *kanai*, *se remplir*.

Quelques-uns des verbes de la seconde conjugaison changent *i* en *e*, comme *yomi*, *lire*; *yome*, *se lire* ou *être lisible*; *yaki*, *brûler*; *yake*, *se brûler*. Quelques-uns de ceux qui sont terminés en *si* changent *si* en *ri*, comme *akasi*, *faire briller*; *akari*, *briller* ou *être clair*. Les verbes terminés en *rasi* se changent en *ri* et *re*, comme *nourasi*, *mouiller*; *noure*, *se mouiller*. D'autres changent *si* en *re*, comme *arawasi*, *manifester*; *araware*, *se manifester*; d'autres terminés en *asi*, se changent en *ye*, comme *fiyasi*, *faire froid*; *fiye*, *avoir froid*. Parmi les verbes de la troisième conjugaison, quelques-uns changent *ai* en *e*, comme *sokonai*, *corrompre*; *sokone*, *se corrompre*.

Des Verbes adjectifs.

§ 79. Les verbes adjectifs terminés en *ai*, *ei*, *ii*, *oi*, *oui*, ainsi que plusieurs autres verbes et quelques noms, servent à former les verbes adjectifs terminés en *rasii*. (Voy. § 98.) Ces finales ont le sens de *meki*, *mekou*, *yòna*, *gamasii*, c'est-à-dire qu'elles expriment la ressemblance ou la similitude, *comme*, *de même*. Quelques verbes adjectifs se forment en changeant l'ò du futur en *asii*, comme *foukakarò*, *foukakarasii*, *asakarasii*, *yokarasii*; ou en répétant le verbe, qui perd alors le dernier *i* du radical; comme *naganagasii*, *niganigasii*, etc... D'autres verbes adjectifs se forment aussi des noms substantifs; comme *waraberasii*, *wotonasii*, *fitorasii*, *zokourasii*, etc.

DU PARTICIPE.

Quatrième partie du Discours.

§ 79 bis. Le participe n'est proprement que la forme du prétérit terminée en *te*, *de*, comme *motomete*, *yóde*, *narete*. On remplace les participes présent et futur avec les particules *mono*, *fito*, *wa*, *wo*, etc..., qui ne sont que des locutions relatives, ainsi qu'il a été dit à l'article des conjugaisons. (§ 45.)

DE LA POSTPOSITION.

Cinquième partie du Discours.

§ 80. Il n'y a en japonais que des *postpositions*, qui répondent à nos prépositions. Quelques-unes sont proprement des noms substantifs, qui, comme les autres noms, prennent tous les articles ; telles sont *ouye*, *sita*, etc., etc. D'autres sont des radicaux ou des participes, qui régissent les cas des verbes dont ils dérivent, comme *taisite*, *tsouite*, etc... D'autres enfin sont simplement des particules, comme *yori*, *kara*, etc... Parmi ces particules, quelques-unes prennent l'article *no*, d'autres *ni*, d'autres n'en prennent aucun. Les plus usitées parmi ces dernières sont les suivantes.

Postpositions corrélatives qui régissent le génitif avec no.

Ato, *ousiro*, devant. *Ouye*, en haut. *Outsi*, dedans.
Saki, *maye*, derrière. *Sita*, en bas. *Foka*, dehors.
Naka, dans le milieu ou dans.

Postpositions qui régissent le datif avec ni.

Taisi, *yori*, par amour....... *Tsouki*, } au sujet, à l'égard de.
Taisite, *yotte*, à cause de.... *Tsouite*,
Tatte, *woite*, } quant à cela { *Sitagòte*, } selon.
Tattewa, *woitewa*, { *Sitagatte*,

Postpositions qui régissent l'ablatif.

Yori, *kara*: de, Ex. par....... { *Tomoni*, } avec, ensemble.
{ *Totomoni*,
De, *nite*, *ni*, *niwoite*, en, dans.
De, *nite*, *womote*, avec, instrumental.
No, *note*, *nosite*, sans, pour la langue parlée.
Nakou, *nakoute*, *nakousite*, sans, pour la langue écrite.

LIVRE SECOND.

Tableau des postpositions les plus usitées en koye, *et de leurs correspondantes en* yomi.

Yomi.	Koye.
Ouye, *en haut*............	So. (*Chang.*)
Sita, *en bas*...............	Ghe. (*Hia.*)
Outsi, *dedans*............	Nai. (*Neï.*)
Foka, *dehors*............	Ghe, etc., etc. (*Waï.*)

DE L'ADVERBE.
Sixième partie du Discours.

§ 84. Les Japonais ont un grand nombre d'adverbes dont ils se servent non-seulement pour exprimer les modifications d'une action, mais qui indiquent encore le son, le bruit, la position de la chose. Quelques-uns de ces adverbes se forment des verbes adjectifs terminés en *ai, ei, ii, oi, oui,* en changeant, 1° *ai* et *oui* en *o*, comme *foukai, être profond; fouko, profondément: kasikoi, être prudent; kasiko, prudemment.* 2° *Ei* en *eó,* comme *sighei, être fréquent; sigheó, fréquemment.* 3° *Ii* en *iou,* comme *kawaii, être malheureux; kawaiou, malheureusement.* 4° *Oui* en *ou,* comme *ayaoui, être dangereux; ayaou, dangereusement.* Les adverbes terminés en *ni* sont, pour la plupart, formés des verbes adjectifs en *na* ou *narou.* On forme encore un grand nombre d'adverbes par la répétition du même mot, pour exprimer la manière dont se fait une chose, ou le son de cette chose : comme *farafara, bruit de la pluie* ou *des larmes qui tombent.*

Voici quels sont les adverbes les plus usités :

Negawakouwa, aware, kasi. Plût à Dieu !
Nayeni, nayoni, nanisini. Pourquoi ?
Wo, nakanaka, yat, at. Oui, si.
Mottomono. Vous avez raison.
Sò, massò, vose, goyo. Il en est ainsi.
Kanarazou. Sans doute. — *Sadamete,* probablement.
Itsigiò, fitgiò, sikato, teido. Certainement.
Iya, isasaka, iyaiya. Non.
Ikasama. Peut-être.
Na, so, namaisò. Ne prohibitif.

Wonayou, fitotsouni. Ensemble, avec.
Wosinabete, amanekou, soubete. Généralement.
Makotoni. En vérité.
Bakari, nomi, kagouite. Seulement.
Kagouizarou. Non-seulement.
Yòyò, sikasika. Presque.
Ioni. Beaucoup. — *Motto. Très, fort.*
Kio. Aujourd'hui.
Fitotabi. Une fois. — *Tabitabi. Plusieurs fois.*

DE L'INTERJECTION.

Septième partie du Discours.

§ 82. Les interjections expriment les différentes affections de l'ame, comme la joie, la tristesse, la douleur, la crainte, l'admiration et autres semblables. Les plus usitées sont les suivantes. *Aware* marque la douleur et la pitié; *awáre moutsoukasii io no naka kana*, mot à mot, *ó monde rempli de peines! Satesate, satemo*, expriment l'admiration; *ha! a a,* le regret, le repentir; *hat,* la crainte; *sara* exprime tantôt la peine et tantôt le plaisir.

DE LA CONJONCTION.

Huitième partie du Discours.

§ 83. Il y a différentes conjonctions. Les unes sont copulatives, les autres sont adversatives; d'autres sont causales, d'autres sont collectives; quelques-unes marquent le commencement ou la fin du discours; quelques-autres sont explétives ou conditionnelles, ou *conjonctives*. Les principales conjonctions sont les suivantes :

Copulatives.....
- To, *et.*
- Mata, *et, aussi, encore.*
- Mo, *et, aussi.*

Disjonctives.....
- Matawa,
- Arouiwa,   } *ou.*
- Ka, ka, *ou,* comme Pedro ka, Antonio ka; *ou Pierre, ou Antoine.*

LIVRE SECOND.

Adversatives....	Domo, To iyedomo, Saredomo, Sikaredomo, Tomo,	Cependant, mais, toutefois.
	Rebatote, To youtomo, Mamayo, To mamayo,	Encore que, quoique.
Collectives......	Koreni yotte, Soreni yotte.	C'est pourquoi, pour cela.
	Karouga youyeni, Sikareba, Sikarouni, Sikarou tokoroni,	Ainsi que.
Causales.......	Fodoni, Tokorode, Karouga youyeni, Neyeni nareba, Sono sisaiwa,	Parce que, d'autant que, puisque.
Commençant le discours....	Somosomo, Saroufodoni, Sareba, Sore,	La plupart ne sont que des explétives intraduisibles.
Explétives......	Makotoni, Sounawatsi, Tada,	En vérité. Réellement. ....
Conditionnelles..	Naraba, ba, niwoitewa, si.	
Conjonctives....	Tomo, tame, yoni, comme, que, etc., etc.	

DE LA PARTICULE.

Neuvième partie du Discours.

§ 84. Les Japonais ont un grand nombre de particules ; les unes sont des articles qui se joignent aux noms ; d'autres servent à exprimer l'honneur et le respect ; d'autres s'emploient dans la composition des verbes et des noms ; et parmi celles-ci, les unes marquent l'honneur, les autres l'humilité : d'autres servent à donner plus de force ou d'énergie aux verbes, ou à changer leur signification ; d'autres forment les tems et les modes des verbes auxquels elles sont jointes ; d'autres sont négatives, d'autres enfin sont ou des adverbes, ou des conjonctions, ou même des noms qui ont force de verbes, ainsi qu'on le dira dans la syntaxe.

Particules qui servent à former les cas, et qui se placent immédiatement après les noms : *Wa, no, ga, wo* ou *woba, ni, ye, yori kara*. (§ 7.) *Tatsi, sou, domo, ra*, servent à former le pluriel, et se placent immédiatement avant les articles. *Ari, arou, won* ou *wo, re, rourou, rare, tamai, tamò, saserare,-rourou, serarare,-rourou*, sont des particules qui se placent après les verbes, et qui, sans en altérer la signification, expriment l'honneur et le respect.

Sòrò, sabourai, - rò, famberi, - rou, mairase, - sourou, mòsi, - sou, se joignent aux verbes, et expriment l'humilité et le respect.

Se, sourou, changent la signification du verbe, et le rendent *factif*.

Go ou *won* ne s'emploie guère qu'à la Chine, en parlant du Roi, et au Japon, en parlant du *Djogoun*.

Outsisamasou, woikakarou, aikoutsi, aisokou, mesi, tsoukò, agourou, etc., etc., en composition avec les verbes et les noms, servent à leur donner plus de force, ou à changer leur signification.

Fou, zou, mou, nou, bou ou *nasi*, etc., sont des particules négatives qui se joignent aux noms et aux verbes.

Mo, zo, koso, keri, kerou, et plusieurs autres, sont des explétives intraduisibles.

DE L'ARTICLE.

Dixième partie du Discours.

§ 85. On entend par articles certaines particules qui, jointes aux noms, répondent aux cas des Latins. Nous avons dit (§ 7) que les noms japonais étaient indéclinables ; que le même mot servait à marquer le singulier et le pluriel, qui étaient déterminés par les mots qui précèdent ou qui suivent ou par ce qui fait le sujet du discours ; et cette règle est également applicable aux verbes et aux adjectifs. Il y a cependant des particules ou articles qui servent, en certains cas, à distinguer le pluriel du singulier ; ainsi, par exemple, les mots *mono, koto, ghi, tomogara*, quand on parle en général, joints aux noms de peuples ou de royaumes, ont le sens pluriel ou singulier, selon le sujet du discours ; mais *tomogara* est toujours pluriel, ainsi que son *koye*, *to*.

Dans les verbes, le pluriel se distingue du singulier par l'addition de l'un des mots suivans : *ware*, *nangi*, *kare*, je, tu, il; *warera*, *nangira*, *karera*, nous, vous, ils.

Quant à la distinction des genres masculin et féminin, nous ferons observer que les Japonais distinguent à ce sujet les choses animées de celles qui ne le sont point ; et ils rangent parmi les choses inanimées les herbes, les plantes, etc.... Tout ce qui appartient à cette classe n'est d'aucun genre ni par la terminaison, ni par la signification, ni par l'accord avec l'adjectif : ainsi toutes les choses inanimées ont un genre commun qui est comme neutre. Pour les choses animées, dans lesquelles on ne comprend que les êtres sensibles, les noms génériques des espèces animales sont distingués par deux mots, qui expriment le mâle et la femelle. Pour faire donc la distinction, dans les choses animées seulement, du sexe masculin et du féminin, on se sert, pour le masculin, de *wotto*, *woto*, *wo*, *mâle*; pour le féminin, de *me*, *femelle*; de sorte que les particules qui expriment le masculin, jointes à un nom générique d'une espèce quelconque, désignent le mâle de cette espèce; comme *wo-inou*, *chien* : et la particule qui exprime le féminin, jointe au même nom générique, indique le sexe féminin, comme *me-inou*, *chienne*.

SYNTAXE.

§ 86. LES règles relatives à la syntaxe, sont puisées dans les ouvrages des auteurs anciens et modernes, qui ont écrit le plus correctement dans la langue adoptée par les personnes les plus instruites dans la littérature, et principalement dans le langage de la Cour, tel qu'il est conservé par les *Koughe* dans toute sa pureté et son élégance primitive.

Construction des parties du Discours.

§ 87. L'idiome *yomi*, tant pour la langue parlée que pour la langue écrite, est composé de pur *yomi*, ou de *yomi* avec un mélange de *koye*, ou de *koye* avec l'addition de quelques particules qui tiennent lieu d'articles, ou de quelques verbes *yomi*, tels que *sourou*, *sou*, *sirimourou*, etc.

La construction des phrases du dialecte purement *koye*, qui est proprement la langue chinoise, est la même que dans notre langue ; mais le dialecte *yomi*, qui est la langue propre et naturelle des Japonais, suit un ordre tout contraire. Ainsi la particule qui, dans le *koye*, se trouve la première, se lit la dernière dans une phrase de *yomi*, quoiqu'en écrivant on suive ordinairement le même ordre qu'en *koye* (§ 4). Cet ordre de construction s'appelle *kayeri*, *kayerou*; et les points ou notes que l'on y ajoute quelquefois se nomment *ten* ou *kayeriten*.

L'ordre de construction étant contraire dans les dialectes *koye* et *yomi*, ainsi que nous venons de le dire, on place en premier lieu, dans le *koye*, les particules adversatives, quand il y en a ; ensuite les négatives, les possessives et celles qui marquent la différence du tems futur ; le verbe vient après, puis les cas du verbe. En *yomi*, au contraire, on place d'abord le sujet du verbe, puis les cas régis par ce verbe ; le verbe vient ensuite, et il est suivi des particules de tems, des négatives s'il y en a, et enfin des adversatives (§ 4), en finissant par où commence une phrase de *koye*.

Les numéros 1, 2, etc., que l'on trouve dans les exemples suivans de construction, pour les dialectes *koye* et *yomi*, indiquent seulement l'ordre que doivent tenir les différens mots de la phrase de l'un et de l'autre dialecte. Exemple pour le *koye*, en lisant seulement les noms sans faire attention aux numéros *sou yen so ten zo akou wo gigokou*. Cette phrase doit se lire, en *yomi*, en observant l'ordre des numéros ainsi qu'il suit :

Sousoureba yenwo oumare tenni tsoukoureba akouwo wotsourou gigokouni: c'est-à-dire, *En pratiquant la vertu, on s'élève au ciel ; en faisant le mal, on tombe dans l'enfer.*

Kan yen tcho akou : cette phrase doit se construire ainsi en *yomi* : *Yenni sousoumi akouwo korasou*; *On doit s'exciter au bien et éviter le mal.*

§ 88. Le nominatif, exprimé ou sous-entendu, se place ordinairement en premier lieu ; on met ensuite les régimes du verbe, et enfin le verbe. Exemples : *Woyani towozarari* (1), *tani mata tsikadzoukou koto nakare*; *ne vous éloignez pas de vos pères pour vous allier avec des étrangers.*

---

(1) La grammaire imprimée porte *towozakari*.

Kamiwo karo niyte, simowo mata womonzourou koto nakare, ne méprisez pas les grands, tout en estimant les petits. En poésie, l'on place quelquefois le nominatif et les régimes après le verbe.

Quand il y a dans une phrase plusieurs mots de suite qui doivent rester au même cas, et qui sont régis par le même verbe, le dernier nom prend seul l'article. Exemples : *Deouswa ten, tsouki, fi, tsoutsi, midzou, kaye, fiwo gosakou nasareta* : Dieu créa le ciel, la lune, le soleil, les étoiles, la terre, l'eau, l'air et le feu. *Iit, gouet, seino sankò* : les trois clartés du soleil, de la lune et des étoiles.

Des phrases continues.

§ 89. Les Japonais ont des règles fixes relativement à la construction et à l'ordre dans lequel on doit placer les phrases d'un discours; ainsi celles qui sont au conjonctif, au conditionnel, au *potentiel*, au *permissif*, à l'infinitif ou au gérondif, précèdent toujours celles qui sont à l'indicatif, à l'impératif ou à l'optatif. Exemple : *Womoi outsini areba, yro fokasi, arawarou* mot à mot, quand on a l'amour dans le cœur, il s'en manifeste des signes au-dehors.

Cette règle souffre quelques exceptions, et l'on met souvent, avec élégance, les phrases au conjonctif et à l'infinitif à la fin du discours. Exemples : *Oureyezare fitono wonorewo sirasourou* (1) *kotowo; oureyeyo wonorega nó naki kotowo*, mot à mot, ne vous affligez pas de ce que les autres ne vous connaissent pas, affligez-vous de ne point avoir de l'habileté ni des talens. *Taremo kanawazou foutarino kimini tsoukòrou kotowa*, personne ne peut servir deux maîtres.

§ 90. Quand deux ou plusieurs phrases affirmatives, dont le sens est indépendant l'une de l'autre, et qui sont au même mode et au même tems, se suivent, le verbe principal de la première ou des premières phrases se met au radical, le verbe de la dernière est le seul qui se conjugue, et les radicaux des autres verbes s'entendent au tems et au mode auxquels il est (§ 58). Exemple : *Midzoukarawo wosouro* (2), *tawo aisi ayakouiwo soukoui kiwamarèrouwo tasouke, soubete mononi nasakewo sakito si, kotone fourete awaremou hokoro arouwo iynto yoù, s'oublier soi-même, aimer les autres, sauver celui qui est en danger, se-

---

(1) *Sirasarou*, dans l'imprimé.   (2) *Wasoure*, dans l'imprimé.

courir celui qui est dans le besoin, en toutes choses estimer d'abord la piété, mot à mot, *et être susceptible de compassion, cela s'appelle piété.*

Dans cette phrase tous les radicaux s'entendent dans le sens du présent de l'infinitif, parce qu'ils prennent le tems et le mode de *awaremou kokoro arouwo. Tsoughen mimini sakai, ròyakou koutsini nigasi :* un bon conseil blesse les oreilles, une bonne médecine est amère à la bouche.

Cette règle s'applique également aux verbes adjectifs. Exemple : *Akoudòni wayri yasoukou, yenniwa yrigatasi :* il est facile de s'accoutumer au mal, et difficile de s'accoutumer à la vertu (§ 28 bis).

§ **90** bis. Quand dans une phrase il y a deux verbes dont le premier est au conjonctif ou au participe, *lisant, ayant lu, après avoir lu,* il se met au tems du participe terminé en *te* ou *de,* comme *tsourete koy,* mot à mot, *emportant avec vous venez.*

Cette règle est d'un usage fort général ; et ce participe, quand il se trouve avant le présent, le passé ou le futur de l'indicatif, prend le tems de chacun d'eux, ainsi qu'on l'a déjà remarqué au sujet du mode conjonctif. Exemple : *Tabete yrou,* il est à manger (mangeant) ; *kaite worou,* il est écrivant ; *tabete kita,* je viens ayant mangé, (après avoir mangé) ; *motomete ykò,* quand j'aurai acquis j'irai.

Quand un verbe est immédiatement suivi d'un autre, de manière à former comme un mot composé, le premier exprime le mode de l'action du verbe devant lequel il est placé, et il se rend par le gérondif, *en lisant,* etc... Quand c'est un verbe adjectif, il se rend par un adverbe. Exemples : *Yomi awasourou,* comparer en lisant ; *kaki atsoumourou,* ajouter en écrivant ; *fika sakou,* déchirer en tirant ; *foukò forou,* creuser profondément ; *yò mòsou,* parler bien ou à propos (§. 58).

Exception. Ces radicaux placés devant les verbes *tai, tomonai, sòna, tsoubesii, taymourou, taito, womo, nawosou, fatasou, soumasou, yasoui, yoi, nikoui, gatai,* etc., etc., etc., se rendent plus élégamment par l'infinitif. Exemples : *Koui tai,* je veux manger ; *si tomonai,* je ne veux pas faire ; *mairi sòna,* il me semble voir ; *kaki faymourou,* je commence à écrire ; *tsoukouri nawosou,* recommencer à faire ; *gaki fatasou,* ou *kaki soumasou,* achever d'écrire ; *si nikoui* ou *si gatai,* difficile à faire.

LIVRE SECOND.

Du radical des verbes négatifs et des phrases négatives continues.

§ **91**. La forme de l'indicatif présent des verbes négatifs, terminée en *zou*, sert de radical tant pour la langue parlée que pour la langue écrite. La phrase ne se termine point par ce radical, surtout dans la langue parlée, mais par la forme en *nou* (§ 47). Cependant dans la langue écrite, dans les sentences et maximes, on trouve quelquefois des phrases où le radical *zou* est mis à la fin. Exemple : *Fitoto site kò nokiwa tsikou-sòni kotonarazou* : *l'homme qui n'obéit point à ses parens est semblable à une béte brute.*

Quand deux ou plusieurs phrases au même tems et au même mode se suivent, ou quand il se trouve une ou plusieurs négatives entre des phrases affirmatives, le verbe principal de la première ou des premières phrases négatives prend la forme *zou*; celui de la dernière phrase se conjugue négativement ou affirmativement, et les verbes négatifs s'entendent au tems et au mode auxquels il est (§ 28 *bis*, 58 et 90); comme *Towazoumba, kotayezou, wóse araba, tsousinde kike* ou *kotayourouna* : *ne répondez point sans être interrogé, et écoutez humblement les ordres des supérieurs.*

Kokoro sounawoni, kotoba tadasikou, yenni arazareba wokonawa-zou, mitsini arazareba manabizou, soyite naighe kazarazou, gonghiò makoto narouwo sinto yoù : *mot à mot, avoir l'esprit droit, des paroles sincères, ne rien faire que de bien et d'équitable, ne point imiter ce qui n'est pas raisonnable ; en général, ne feindre ni à l'intérieur ni à l'extérieur ; faire que les discours et les actions soient vrais, cela s'appelle fidélité.*

De deux négations on fait élégamment une affirmation ; comme *moto-meide kanawanou*, *je ne peux laisser d'acquérir, ou je peux acquérir.*

Du Nom adjectif.

§ **92**. Les noms qui sont proprement des adjectifs, ainsi que nous l'avons dit plus haut (§ 11 et 71), se forment des verbes adjectifs terminés en *ai*, *ei*, *ü*, *oi*, *oui*, en changeant *i* en *a* ; ceux qui se terminent en *oi*, perdent seulement quelquefois l'*i*, d'autres fois ils changent *oi* en *a*, et ils se placent toujours devant les substantifs. Exemples : *Sirayto*, *soie blanche* ; *taka yama*, *montagne élevée*, etc., etc.

Ces mêmes verbes adjectifs, ainsi que nous l'avons dit encore, deviennent des adjectifs propres, quand la phrase est relative, en plaçant le verbe devant le substantif ou devant l'antécédent. Exemple : *Takai-yama*, montagne qui est haute.

En *koye*, ces verbes, placés devant quelque substantif du même dialecte, répondent aussi très-bien aux adjectifs. Exemples : *Sanoui kouni*, pays froid; *biakou zò* ou *siroi zò*, éléphant blanc; *kokou fi* ou *kouroi kawa*, peau noire; *kò zan* ou *takai yama*, montagne élevée (§ 55).

Les adjectifs terminés en *no* sont proprement des substantifs au génitif. Exemples : *Moromorono fito*, tous les hommes; *kazoukazouno toga*, beaucoup de péchés.

Du Relatif.

§ 93. Comme les Japonais n'ont point le relatif *qui, quæ, quod* (§ 23 et 73), on y supplée, dans les phrases relatives, en plaçant toujours l'antécédent après le verbe qui régit le relatif sous-entendu. Exemple : *Wonoreni sikazourou monowo tomoto sourou koto nakare* : ne te lies point avec ceux qui ne sont pas meilleurs que toi. *Monowo* est l'antécédent, *sikazourou* est le verbe qui régit le relatif *qui*. On dit de la même manière *yomou fito*, homme qui lit; *fasirou foune*, vaisseau qui va à la voile.

Pour le génitif *dont, de qui*, on le remplace en mettant devant le verbe et au nominatif avec *no*, la chose qui veut ce relatif. Exemple : *Koutsino womoi fito* : homme dont la langue est pesante (qui a de la difficulté à s'exprimer). (§ 98.)

Les particules *wa, wo woba*, placées après le verbe, remplacent le mode du participe, et rendent la phrase relative; comme *kayòni mòsitarouwa*, celui qui parla de cette manière. *Kono, kare, sono, sore, kore, kano*, servent souvent de relatif.

Le relatif de quantité continue ou discrète, *tant, quant*, s'exprime par *fodo*, que l'on place après le substantif auquel le relatif se rapporte. Exemples : *Kono iyewa ano yama fodo takai*, ou *kono iyeno takasawa ano yama fodo arou*: cette maison est aussi haute qu'une montagne, ou l'élévation de cette maison est aussi grande que celle d'une montagne. *Tenno fosiwa famano masago fodo arou*, les étoiles du ciel sont aussi nombreuses que les sables du rivage. *Sannen fodo*, espace de trois ans ; *outsirino aida*, distance d'une lieue. *Gotokou*, *yòna*, expriment la qualité, c'est-à-dire, *tel, quel, comme*. (§ 73.)

De l'Interrogation et de la Réponse.

§ 94. La réponse doit se mettre au même cas que la demande. Exemples : *Ydzoukouni arouzo?* où est-il? *iyeni arou*, il est dans la maison. *Ydzoukou yori kitazo?* d'où vient-il? *miyako yori*, de la cour. *Dokowo towottazo?* par où passas-tu? *Wozakouwo towotta*, je passai par Wozaka. *Donataye noborouzo?* par où allez-vous? *kamigataye noborou*, je vais par la cour.

Les particules dont on se sert pour interroger sont *ka, zo, ya, zoya, kaya, zoka, kazo*; elles se placent toujours à la fin des phrases. *Zo, zoya*, s'emploient quand elles sont précédées d'une autre interrogation, comme *ydzoukouno fito zo? nani goto zo? nanto só zo?* etc.....

Ka et *ya*, quand ils sont interrogatifs, ont le sens de *est-ce que? si par hasard?* et ils n'ont point besoin d'être précédés d'aucun autre nom interrogatif; la réponse se fait par *wò, iya, kasikomata*, oui, non ; cela est, cela n'est pas. La particule *ka* est quelquefois une marque d'interrogation comme *zo*, et alors il faut qu'elle soit précédée d'un autre nom interrogatif, comme *ninigotoka? doreka?* etc., etc.

De la Construction transitive du Nom.

§ 95. Quand, dans une phrase, il y a deux noms substantifs appartenant à des choses différentes, l'un de ces noms doit être mis au génitif en *no* ou *ga*, et se placer devant l'autre, comme *nipponno kouni, feikeno yourai*, etc.

En *yomi*, on fait un fréquent usage du génitif sans particule, principalement si le nom qui suit se contracte, ou si le précédent perd quelque syllabe, ou si des deux on forme une sorte de nom composé. Le premier devient alors une espèce d'adjectif. Exemples : *Yamazato* pour *yamano sato*, lieu du camp; *karamono* pour *karanomono*, choses de la Chine; *kanakoughi*, clou de fer; *sakaya*, cave à vin; *amagami*, papier huilé; etc.

Quand plusieurs noms *koye* ou *yomi* se suivent, et qu'ils doivent tous être mis au génitif, le dernier seulement prend la particule *no* ou *ga*, et les autres restent toujours au même cas.

Du Verbe actif.

§ 96. Tout verbe actif régit l'accusatif. Exemples : *Kiòwo yomou*, je lis un livre ; *yenwo motomourou*, j'acquiers la vertu ; *akouwo korasou*, je fuis le mal ; *gosòwo negò*, désirer le salut ; *korewoba senou*, je n'ai point fait cela. *Wonwo sirouno fitowa yoúzo*, *wonwo sirazarouwoba tsikousòto koso ye* : On peut appeller homme celui qui sait reconnaître un bienfait, et l'on appellera brute celui qui ne sait pas les reconnaître.

Les radicaux des verbes actifs, joints au verbe substantif *arou* ou au verbe *sourou*, veulent aussi l'accusatif, comme *kiòwo woyomi are*, *kiòwo yomiwa senou*.

Les radicaux des verbes, en composition avec d'autres verbes, et exprimant le mode de l'action, ne régissent aucun cas ; mais il y a quelques verbes actifs qui régissent deux accusatifs, l'un de personne, qui se rend par la particule *woba* ou *wo*, l'autre de lieu, comme *farò*, chasser d'un lieu ; *tabakarou*, tromper ; *fanasou*, éloigner de soi.

Quant aux verbes qui régissent le datif, comme il est souvent difficile de distinguer le datif, avec la particule *ni*, de l'ablatif, il est bon d'observer les différences qui existent à cet égard. Les verbes qui expriment les actions de donner, rendre, livrer, promettre, déclarer, assimiler, enseigner, ordonner, parler, prier, et autres semblables, veulent l'accusatif avec *wo*, et le datif avec *ni*. Presque tous les verbes qui expriment le secours, le profit, la perte, l'obéissance, la soumission, la victoire, et autres semblables, veulent le datif avec la particule *ni*.

Du Verbe transitif.

§ 96 bis. Tout verbe actif transitif, comme *faire faire*, qui dérive des verbes actifs, veut l'accusatif avec *wo*, pour la chose qu'on fait, et le datif avec *ni*, pour la personne à qui l'on fait faire cette chose. Quand le verbe transitif dérive des verbes neutres, au lieu du datif, il veut l'accusatif pour la personne, et le cas du verbe dont il dérive, pour la chose.

Du Verbe passif.

§ 97. Tout verbe passif veut le terme de l'action au nominatif et le nom de l'agent à l'ablatif, avec la particule *yori* ou *kara*, comme *Feikewa tenkara fanasaretato miyete arou*, il semble que Feike soit abandonné du *ciel.* On emploie quelquefois avec élégance *ni* au lieu de *yori*, *kara*, comme *fitoni korosareta, nousoubitoni fagareta.*

Des Verbes adjectifs. (§ 55 et 79.)

§ 98. Les verbes adjectifs sont de deux sortes ; les uns, qui sont proprement des verbes, comprennent dans leur signification un nom adjectif et le verbe substantif *être*. Les autres sont terminés par la particule *sii* ou *rasii*, qui donne différens sens aux verbes auxquels elle se joint. Tout verbe adjectif veut devant lui un nominatif, sans aucun autre cas, mais quelquefois le même nominatif peut être répété. Quand nous disons *kawaga foukai*, le ruisseau est profond ; *yamaga takai*, la montagne est haute, ces phrases ont deux nominatifs, l'un qui précède le verbe et l'autre qui le suit ; ce dernier n'est que l'adjectif compris dans le verbe lui-même. Quand le nom substantif, qui est le nominatif des verbes adjectifs, est immédiatement placé après ces verbes (§ 23, 73, 93), la phrase est relative, et le relatif s'exprime de la même manière que dans les autres verbes ; comme *takai yama, yoi fito,* etc. Quand, dans une phrase, il y a des verbes adjectifs qui expriment la propriété, la louange, le blâme, etc., etc., le nominatif qui est placé le premier prend la particule *no*, et la phrase devient relative. (§ 93.) Exemple : *Teno nagai fito*, homme dont les mains sont pleines.

Quoique les verbes adjectifs terminés en *sii* ou *rasii* aient le même régime que les précédens, et qu'ils suivent les mêmes modifications, cependant ils ont un sens différent, selon la manière dont ils sont composés. Quand la particule *sii* ou *rasii* se compose avec les verbes personnels, elle exprime une chose que l'on doit désirer, craindre, éviter, etc... Quand elle se compose avec les verbes adjectifs, elle donne plus de force et plus d'énergie à leur signification. Quand elle se joint aux noms, elle signifie *être semblable* ou *se montrer tel*.

§ 99. On emploie le datif avec la particule *tame* ou *tameni*, jointe au nom de la personne, quand le verbe exprime quelqu'avantage reçu par cette personne, comme *sono fono tameni motomourou*, j'acquiers pour vous ; *fitono tameni naghekou*, je travaille pour les autres ; *ynisiyeno gakousawa wonoga tameni sou, ymano gakousawa fitono tameni sou*; les lettrés d'autrefois travaillaient pour eux, les lettrés d'aujourd'hui travaillent pour les autres.

On se sert de la même particule avec le verbe négatif, lorsqu'il exprime un désavantage ou une perte. Exemples : *Tameni naranou*, il n'est point avantageux pour vous ; *wotameni senou*, je ne le fais pas pour vous.

§ 100. Le tems s'exprime par *ni*, *de*, *aida* ou *fodo*. Exemples : *Niyounen ni narou*, il a vingt ans ; *sanyou de arou*, il est de trente ans. Quand se rend quelquefois par *ni*, comme *sakini*, *fibini*, etc...., et quelquefois sans *ni*, comme *kionen*, *kino*, *keó*, etc.... *Keistò ni nen, sògouat foutsouka*, la seconde année de l'ère *Keitsò*, au deuxième jour de la seconde lune.

§ 101. L'espace ou la distance d'un lieu à un autre, s'exprime par *fodo* ou *aida*, que l'on place après le nom ; quelquefois cependant le nom de la distance se met avant, et quelquefois aussi on ne fait point usage de la particule.

Pour l'instrument, la cause, le prix, on se sert des particules *de*, *nite*, *womette* (al. *womotte*), jointes au nom de l'instrument. Comme *me nite mirou*, voir avec les yeux ; *aside fasirou*, courir avec les pieds ; *katanade kirou*, trancher avec l'épée ; *foude womotte kakou*, écrire avec le pinceau.

On joint au nom de la cause pour laquelle on dit ou on fait une chose, l'une des particules suivantes, *youye*, *ni yori*, *ni yotte*, *ni*, *ni taisi*, *ni taisite*.

Le prix d'une chose veut après lui la particule *ni*, comme *ytsimonmeni kòta*, etc....

§ 102. On se sert pour les questions de lieu, où, d'où, par où, en quel lieu, des quatre adverbes suivans : *ydzoukou ni*, où ; *ydzoukou yori*, d'où ; *ydzoukou wo*, par où ; *ydzoukou ye*, en quel lieu ?

Quand on s'informe du lieu où l'on est, où l'on fait quelque chose, on ajoute *ni*, *nite*, *de*, *ni woite* au nom de ce lieu ; comme *Niffoni giousourou*, je demeure au Japon ; *miyakode gakoumon sita*, j'ai étudié à la cour.

Quand il s'agit du mouvement d'un lieu à un autre, le nom du lieu d'où l'on vient ou d'où l'on part, se place à l'accusatif, avec les particules *yori* ou *kara*. Exemple : *Miyako yorikoudarou*, je viens de la cour.

Quand il est question du mouvement, comme de passer, de marcher par quelque endroit, le nom de lieu se met à l'accusatif, avec la particule *wo*. Exemples : *Kawawo watatta*, passer la rivière, pour par la rivière ; *mitsiwo arouita*, je marchai par le chemin.

Quand on s'informe de l'endroit où l'on va, le nom du lieu pour lequel on part ou bien où l'on arrive, se met à l'accusatif, avec la particule *ye*. Exemples : *Miyakoye noborou, je monte à la cour ; miyakoye tsouita, j'arrivai à la cour.* Quelquefois, dans la langue écrite, on se sert de *ni* au lieu de *ye*. Au reste, l'usage de ces particules varie beaucoup, suivant les différentes provinces de l'empire. Ainsi, dans la province de *Miyako* ou de la Cour, on se sert de *ye*, qui est la particule propre ; dans le *Simo*, on se sert de *ni*, et dans le *Kouanto* de *sa*.

Des Mots honorifiques.

§ 103. Pour parler ou écrire le japonais avec élégance, il faut savoir se servir à propos des différentes formules de politesse, de respect et d'humilité, des verbes communs, qui n'expriment aucun degré d'honneur, et des verbes honorifiques, qui ont entr'eux différens degrés, eu égard à la personne qui parle, ou à celle avec laquelle ou devant laquelle on parle, et des choses dont il s'agit. En général, il y a deux sortes de particules, tant pour exprimer l'honneur que pour marquer l'humilité ; les unes se joignent au nom que l'on veut honorer ou humilier, les autres se joignent aux verbes honorifiques ou d'humilité. Il y a outre cela, quelques verbes qui, par eux-mêmes, et sans l'addition d'aucune particule, expriment le respect ou l'humilité, comme il y a des verbes communs qui ne marquent le respect et l'honneur qu'autant qu'on y ajoute certaines particules.

Il faut remarquer, en général, qu'en parlant avec quelque personne que ce soit, on doit toujours s'exprimer avec un certain degré de respect et d'honneur, proportionné au rang de cette personne, à moins que ce ne soit un fils, un domestique ou quelqu'un de la dernière classe du peuple. Quand on parle des absens, on doit toujours aussi s'exprimer à leur sujet avec le degré de politesse et de respect convenable à leur rang ou à leur état. Mais, quand on parle de soi-même, il faut toujours s'exprimer avec un verbe commun (§ 5.), ou joindre à son nom une des particules exprimant l'humilité.

Des particules honorifiques et d'humilité qui se joignent aux noms.

§ 104. Les particules honorifiques qui se joignent aux noms, sont *ouye, mi, won, go, son, ki, sama, ghio*, et plusieurs autres. Les trois premières se placent devant les noms en *yomi*, et les cinq dernières devant les noms en *koye*. Elles tiennent lieu, pour la plupart, des pronoms *ton, ta, ton; son, sa, son*, etc...., comme *mite, miasi, ses* ou *vos mains, ses* ou *vos pieds; wofoumi, wonfoumi, votre* ou *sa lettre; woiye, votre* ou *sa maison; gowon, votre* ou *son bienfait; goyen, votre* ou *sa présence; ghioken, votre* ou *son épée*. En parlant à une personne d'un rang très-élevé, comme à un roi, *ghioy, votre* ou *son ordre; kisat, votre* ou *sa lettre; ouye sama, son altesse*.

Les particules marquant l'humilité qui se placent après les noms, sont *domo, ra, me*, comme *midomo, warera*, etc. *Me* indique le dernier degré d'humilité, comme *wonoreme, ynoume*, etc... (§ 76.)

Des verbes honorifiques composés de particules, et des verbes honorifiques par eux-mêmes.

§ 105. En parlant de personnes, ou avec des personnes que l'on respecte, on doit toujours se servir des verbes honorifiques composés de particules qui expriment différens degrés d'honneur, ou des verbes qui sont honorifiques de leur nature, sans l'addition d'aucune particule, en appliquant à chacun le degré d'honneur qui lui convient.

Les principales particules d'honneur et d'humilité qui se joignent aux verbes, sont *rare, rourou, ari, arou*, qui expriment le moindre degré d'honneur pour la langue parlée et pour la langue écrite. *Saserare,—rourou, nasare,—rourou*, etc., expriment le plus grand degré d'honneur, pour la langue parlée seulement; et *tamai,—ò, setamai,—ò*, pour la langue écrite. *Mosi,—sou, mairase,—sourou*, expriment l'humilité. Toutes ces particules, et un grand nombre d'autres, qui se joignent aux verbes, n'en changent pas la signification; ils ne font que la modifier. (§ 84.)

En parlant de deux personnes respectables, dont l'une surpasse l'autre de beaucoup en dignité, on doit ajouter au nom de la personne inférieure une particule d'humilité et une particule honorifique, pour marquer le respect que l'on a pour elle, et, en même tems, pour honorer davantage la personne supérieure. Ainsi, en parlant de Jésus-Christ et de saint Jean-Baptiste ou des apôtres, on dira : *S. Joam-Baptista Jesou-Christoni Baptismo wo sadzouketa tematsourareta*, ou *sadzouke mairaserareta.*

§ 106. Quand on s'exprime avec un verbe simple, sans y joindre aucune particule d'honneur ou d'humilité, comme *motomourou*, *yomou*, *narò*, cela indique la supériorité. Tels sont les verbes dont se servent les maîtres en parlant à leurs domestiques, les pères en parlant à leurs enfans; tels sont encore ceux dont les gens du peuple et les personnes très-familières font usage en conversant entr'elles.

De l'usage du Koye.

§ 107. On se sert le plus ordinairement, en *koye*, de deux mots réunis en un seul, que l'on nomme *youkougo*, comme *yennin*, vertueux; *akounin*, méchant; *sinin*, mort; *fissa*, écrivain; *gakousa*, lettré; *dósinya*, ermite; *sekenya*, mondain; etc., etc. Cependant l'on fait aussi quelquefois, mais rarement, usage d'un seul mot; comme *yen*, vertu; *akou*, crime; *won*, bienfait; *soú*, seigneur, etc., etc.

Un mot *koye* ne se compose jamais sans particule avec un mot *yomi*; mais le *koye* se joint au *koye*, le *yomi* au *yomi*. Ainsi l'on dit *yennin*, vertueux, et non *yen fito*; *akounin*, méchant, et non *akou fito*. Cependant il s'est introduit par abus quelques locutions de ce genre; mais elles sont en petit nombre; comme *midò*, temple; *gowokite* ou *gowosiye*, la loi de Dieu; *youto*, vase pour l'eau chaude; *fari tenno ame*, ou *seitenno ròyei*, pluie du ciel serein.

§ 108. Les *youkougo* de deux mots *koye* sont composés soit du verbe avec le verbe, soit du verbe avec le nom. Celui-ci se joint aux verbes *faire sourou*, *sou*, *itayou*, etc... qui conservent la même signification qu'en *yomi*, comme *foumbet souri* ou *wake*,—*ourou*, étendre; *faiken sourou* ou *wogomi mirou*, voir une chose avec respect; *kembout sourou*, ou *monowo mirou*, voir une chose avec curiosité; *sòrakou sourou*, ou *miakoye noborou*, aller à la cour.

Mais, lorsque ces *youkougo* ne se composent pas de cette manière avec le verbe *faire*, ils ne sont plus qu'un nom substantif qui, lorsqu'il est suivi d'un autre nom, se met au génitif avec *no*, comme *yòtenno toki*, *kemboutno*, *aida*, etc., etc.; et, comme substantif, il prend le cas du verbe qui le régit.

Du style de la langue écrite.

§ 109. Le style de la langue écrite est très-élevé, et susceptible d'une grande élégance. Il diffère de la langue parlée par la terminaison des mots, par les particules et par la construction de la phrase. La langue écrite est ou de pur *koye*, sans mélange de *yomi*, ou bien elle se compose d'un mélange de *koye* et de *yomi*. Nous ne parlerons point ici du dialecte de pur *koye*, qui n'est autre que la langue chinoise, en usage parmi les religieux japonais seulement.

On distingue ordinairement, dans la langue écrite, les deux idiomes *naiden* et *gheden*, propres, l'un aux écrits religieux et mystiques, l'autre aux ouvrages communs à toutes les classes de la société. Ces deux idiomes diffèrent entr'eux par les tournures de phrase, les locutions, les particules, et par certains mots qui ne conviennent qu'à l'une ou à l'autre de ces deux manières d'écrire.

§ 110. Un grand nombre des caractères chinois en usage chez les Japonais ont trois sortes de *koye*, ou trois termes chinois, d'après les noms de trois dynasties chinoises très-célèbres, que les Japonais désignent par les mots *Kan, Go, Tò*, par contraction de *Kanno yo, Gono yo, Tòno yo*; et que les Chinois nomment *Han, Gou, Thang*. Sous ces dynasties, un grand nombre de caractères eurent différens noms, que les Japonais adoptèrent, et qu'ils ont conservés jusqu'à présent. D'où il arrive que souvent on peut lire un caractère de trois manières différentes sans rien changer à sa signification.

Les caractères du tems des Kan se nomment *kanwon*, ceux du tems des *Go*, *gowon*, et ceux de la dynastie des *Tò*, *tòin*, et une grande partie des caractères adoptés par les Japonais, peuvent se lire, soit par le *koye* en usage au tems et sous la dynastie des *Go*, qui fleurissait vers l'an du Seigneur 288 (1) (§ 1ᵉʳ), époque à laquelle les caractères chinois s'introduisirent chez les Japonais, qui en avaient manqué jusqu'alors, soit par le *koye* de la dynastie des *Kan*, qui commença 205 ans (2) avant J. C., et qui dura 470 ans; soit enfin par le *koye* de la dynastie *Tò*, qui commença l'an du Seigneur 619, et qui finit en 907, et sous laquelle les Japonais eurent des relations extrêmement fréquentes avec les Chinois.

---

(1) La dynastie de Gou ou plutôt Ou, a commencé en 222, et elle a fini en 280, à la destruction du *San-koue*, ou de la division de l'empire en *trois royaumes*.

(2) Plus exactement, en l'an 207.

Exemples pour les trois cas : le mot *akirakanari* se lit *miò* en *gowon*, *mei* en *kanwon*, et *min* en *tòin*. *Koú*, *koun* ou *sora*, *l'air*, se lit en *gowon*, *kou*, en *kanwon*, *kó*, en *tòin*, *koun* (§ 1 et 2).

Le *koye gowon* s'emploie quand on lit les livres et les écrits des sectes de Chaka ou Bouppô ; c'est celui dont ces religieux se servent dans leurs sermons et en conversant.

Pour les livres séculiers, tels que *Siso* (Sse-chou), *Gokiò* (Ou-king), etc., etc., et pour le style épistolaire, on se sert du *koye kanwon*, qui paraît être aujourd'hui le plus universellement en usage à la Chine. Les Bonzes de *Gosan*, *Yenke* et *Yeghesó*, quand ils lisent les livres de leur secte, se servent du *koye tòin*. Les livres de médecine sont ou en *koye gowon* ou en *kanwon*.

Du style naiden.

§ 111. C'est en *naiden* que sont écrits la plupart des livres des sectes de Chaka, qui traitent de la philosophie naturelle, du principe des choses, de l'ame de l'homme, de sa dernière fin, de la génération et de la corruption des êtres, et autres sujets semblables, par des allégories et des métaphores, qui rendent souvent ce style fort obscur.

Le *naiden* est de deux sortes : le premier et le plus obscur est celui dans lequel sont écrits les ouvrages religieux relatifs à certaines sectes, et les commentaires qui y sont ordinairement joints ; le second est celui dans lequel sont composés tous les ouvrages ascétiques d'un usage plus commun; il est moins obscur, et plus ou moins élevé, selon le sujet que l'on traite. C'est cette espèce de *naiden* que les Bonzes emploient pour prêcher, en se rapprochant le plus possible du langage ordinaire.

Du style gheden.

§ 112. Cette sorte de style, que l'on nomme encore *zokouso*, livre séculier, est celui dans lequel sont composés les livres chinois et japonais, tant en prose qu'en vers. Les principaux livres chinois sont *Siso*, *Gokiò*, et plusieurs autres traitant de différens sujets. Ils se lisent dans le *koye kanwon*, qui est aujourd'hui le plus commun.

Les livres de littérature japonaise sont écrits en plusieurs sortes de style *gheden*, différant les uns des autres par la tournure des phrases et par l'emploi des particules. Telle est d'abord la poésie japonaise, *kadò*, qui comprend, 1° tous les ouvrages poétiques en général, les représentations dramatiques et les comédies ; 2° *sosi*, ou histoires et vies de leurs grands personnages ; 3° *sagheò*, les vies de leurs religieux ; 4° *mai*, certains traits d'histoire que l'on représente en public en les accompagnant de musique et de chant. Tous ces genres sont plus ou moins poétiques, agréables et légers ; et il y a, jusque dans la prose elle-même, un certain mètre ou rhythme de cinq et de sept syllabes, qui la rend très-harmonieuse.

Le second style *gheden*, ou style historique, est le plus relevé de tous ; il se nomme *motogatari* (al. *monogatari*). Le troisième style est celui des lois et coutumes. Il comprend *sikimokou*, *les ordonnances*; *boukeno reighei fatto*, les lois et coutumes de l'ordre militaire ; *kioúbano mitsino narai*, les traités des armes et de la cavalerie ; *sitsoukegatano koto*, les rits politiques et cérémonies du royaume. Le style épistolaire est le quatrième ; il se nomme *bounyo* ou *bounsò*.

Le style des *outai* ou poésies, et des *sosi*, est très-doux et très-gracieux, composé ordinairement de mots *yomi*. C'est le style poétique, dont le mètre est tantôt de sept, tantôt de cinq syllabes. On le mêle quelquefois avec de la prose.

Le style des *mai* consiste dans un mélange de la langue écrite avec la langue parlée, arrangé de manière à ce que tout le monde puisse l'entendre. Il est cadencé, et on le chante en l'accompagnant d'un air qui lui est propre. Il sert à retracer certains faits historiques, et surtout des actions guerrières que l'on met en scène, et qu'on représente en public, afin d'exciter et d'émouvoir les passions du peuple. Toute la force et l'élégance de ce style consiste principalement dans l'arrangement des mots, dans le nombre et l'harmonie des périodes. Le style épistolaire ne diffère guère des autres que par sa concision.

Des Noms propres.

§ 413. Les Japonais ont coutume de prendre successivement plusieurs sortes de noms, et d'en changer à différentes époques de leur vie. Ce sont ou des noms propres ou des titres qu'on leur donne, eu égard au rang qu'ils occupent dans le gouvernement, et aux fonctions qu'ils y exercent ; ou bien ce sont des noms de famille, communs à tous les individus qui la composent, ou qui en descendent ; ou ce sont des sobriquets et des surnoms particuliers.

On peut donc diviser en trois classes ces différentes sortes de noms : la première contient les noms propres ; la seconde les surnoms, qui comprennent les noms de famille héréditaires et de noblesse, ainsi que les sobriquets particuliers à chaque individu ; la troisième contient les noms de dignité, charges et emplois.

Des Noms propres de personnes.

§ 114. Les noms, que chaque individu prend à différentes époques de sa vie, sont au nombre de cinq. Le premier est celui que l'on reçoit de ses parens en naissant.

Le second est le nom de l'homme fait, que l'on reçoit lorsqu'on prend le bonnet viril, ou que l'on ceint l'épée pour la première fois. On le conserve jusqu'à ce qu'on ait quelque charge ou office, ou qu'on prenne un nom religieux.

Le troisième est proprement le nom propre d'une personne. C'est celui par lequel on la désigne dans les affaires publiques, et qu'elle prend elle-même lorsqu'elle signe une lettre. On le conserve jusqu'à ce qu'on prenne un nom religieux en se retirant du monde.

Le quatrième est celui que l'on prend lorsqu'on se rase la tête, ou qu'on abandonne le monde et les emplois pour se faire religieux.

Le cinquième est celui qu'on donne à quelqu'un après sa mort.

Du premier nom appelé azana.

§ 115. Ce nom, que l'on appelle aussi *wosanana* et *warambena*, c'est-à-dire nom d'enfant ou de bas âge, est celui que reçoivent les enfans le jour de leur naissance. Ces noms sont empruntés de ceux des animaux ou des choses que l'on regarde comme d'un bon augure, des êtres qui vivent long-tems, etc.... Ils sont ou simples ou composés les uns avec les autres. Les simples sont comme *matsou*, pin ; *sen*, mille ; *man*, dix mille : *tsourou*, grue ; *take*, bambou ; *tora*, tigre ; etc.... Les composés sont comme *matzougio*, *toraghikou*, etc.

Quand on se désigne soi-même par ce nom d'enfance, on y ajoute *ma-*

rou ; mais quand d'autres vous nomment de cette manière, sans y joindre de particules honorifiques, au lieu de *marou* on ajoute *dono*.

Du deuxième nom appelé kemiò ou karina.

§ 116. Le deuxième nom est celui que l'on prend en abandonnant les vêtemens propres à l'enfance, pour ceindre le sabre et l'épée, et pour recevoir le bonnet viril nommé *yebosi*, d'où l'on a fait *yobosina*, mot qui sert à désigner ce deuxième nom, que l'on appelle encore *wotokona*. Le jeune homme reçoit ce nom de quelque personne distinguée, qui lui sert comme de parrain, et tant qu'il n'a point acquis d'office ou de titre par lequel on puisse le désigner, on doit se servir en lui parlant de son nom *kemiò karina*, c'est-à-dire *nom d'emprunt*, en place du nom honorifique de *fiakouan* ou *emploi*, qu'il ne possède pas encore.

§ 117. Pour savoir si le nom d'une personne est *kemiò* ou *karina*, ou bien si c'est le titre d'une charge ou emploi, il suffit de remarquer que ces noms sont ou simples ou composés. Les simples consistent dans les nombres *ytsi, ni, san*, etc.... jusqu'à dix, auxquels on ajoute la particule *rò*, en substituant toutefois *ta* à *ytsi*, et *yi* à *ni*, comme *tarò*, *yirò*. Ces mêmes noms se composent entr'eux, et avec d'autres particules, de cinq manières différentes, qui comprennent tous les noms *kemiò*.

1° Ils se composent avec les cinq mots suivans, qui se placent devant chacun des dix nombres, *tarò, yirò, sabourò, sirò, gorò, rokourò, sitsirò, fatsirò, kourò, yourò. Ya*, une autre fois ; *mata*, de nouveau ; *ko*, fils ; *mago*, petit-fils ; *fiko*, arrière-petit-fils. Comme *yatarò, kosirò, fikokourò*, etc., etc.

2° On compose encore ces mêmes noms de nombre avec d'autres mots qui se placent aussi devant. Les plus usités sont les suivans : *ghen, fei, to, kitsi, sin, kan, fan*, et plusieurs autres. Les mots *koghenda* et *kofeiyi, rokouyada, kefeiyi*, et autres, se placent aussi devant l'un des dix nombres, qui perdent alors la finale *rò*.

3° On compose encore ces mêmes noms de nombre en les plaçant devant les mots *souke, sakou*, et autres. Ces mêmes nombres se placent encore devant les deux mots *zo* et *zouke*.

Il faut remarquer que *zo* ou *za*, *so* ou *sa*, placés après d'autres mots que les nombres ci-dessus indiqués, ne sont que la contraction de *sabourò*, comme *fikosò* ou—*sa*, pour *fikosabourò*.

LIVRE SECOND.

4° Les dix noms simples *tarò*, *yirò*, etc., se composent entr'eux de différentes manières, les uns avec les autres, et deux par deux. Le premier, *tarò*, se compose avec tous les suivans, comme *taròyirò*, *taròsabourò*, etc.... Le dernier, *yoúrò*, se compose aussi avec tous les autres. Ces mêmes noms simples se composent tous les uns avec les autres, de deux en deux, se mettant les uns avant, les autres après, de sorte qu'ils forment quatre-vingt-dix combinaisons; chacun se composant neuf fois avec les autres.

5° Il y a une autre espèce de *kemiò* qui ne consiste point dans la composition de ces dix nombres; mais dans celle des mots *ghen*, *fei*, *tó*, *sin*, *ki*, etc., etc.... qui se placent devant d'autres mots, pour la plupart insignifians par eux-mêmes; tels que *nai*, *souke*, etc.; comme *ghennai*, *sinsouke*, etc....

Du troisième nom appelé nanori *ou* yitmiò.

§ 118. Ce nom est proprement celui que chaque personne, principalement les nobles et les grands, portent indépendamment du *kemiò*, et de leur titre ou nom d'office; c'est pourquoi il s'appelle *yitmiò*, c'est-à-dire *nom véritable* ou *propre*; c'est celui dont on sert dans les lettres et les écrits publics, en mettant à côté son *kemiò*, et son *fiakouan* ou nom de dignité, si l'on en a.

On conserve ce nom jusqu'à la mort, ou jusqu'à ce qu'on se fasse religieux; et il n'y a que les grands et les personnes de distinction qui peuvent le porter. Les laboureurs, les artisans et les gens de basse condition ne le peuvent pas.

Dans quelques familles, l'usage est que tous ceux d'un même nom prennent un caractère ou mot particulier à leur famille, pour le joindre à leur nom. Ainsi, les principaux chefs de celle de *Feike* se nommaient *Tadamori*, d'où tous ceux de la même race prirent ce caractère *mori* dans leur *nanori*. Encore aujourd'hui, les princes accordent aux grands de leur principauté la faveur de mettre la dernière lettre de leur nom en tête du leur; et les gens riches en agissent de même à l'égard des personnes qui composent leur maison.

Le roi a également trois sortes de noms propres; savoir : 1° un petit nom dont il peut seul se servir par humilité; 2° le nom des années de son règne,

GRAMMAIRE JAPONAISE,

qui est le nom commun par lequel le peuple le désigne ; 3° celui qu'il reçoit après sa mort.

Les mots dont se forment tous les *nanori*, de quelque sorte qu'ils soient, sont au nombre de quatre-vingt-deux, et ils se composent les uns avec les autres, deux par deux.

Table des mots servant à composer tous les nanori.

Aki............	Akikazou.	Na............	
Akira.........	Koreakira	Naga.........	Nagamitsou.
Ari............	Ariyosi.	Naka.........	
Atsou........	Atsoumari.	Nami.........	Sighenami.
Farou........	Farounoto.	Nari..........	Naritsika.
Fide..........	Fideyori.	Nawo........	Nawozane.
Fira...........	Youkifira.	Nobou.......	Nobounaga.
Firo...........	Yosifiro.	Nori..........	Noriiye.
Fisa...........	Fisatane.	Ou............	
Fito...........		Ougi..........	Tadaougi.
Foun.........	Tanefoun.	Sada.........	Sadamori.
Fousa........		Sane..........	Sanemori.
Fouyn........		Sato..........	
Ka............		Sighe.........	{ Sighemori. { Sighetada.
Kado.........	Masakado.		
Kaghe........	Kaghekatsou.	Souke........	Souketsoune.
Kami.........		Soumi........	Soumitada.
Kane ou kanou.	{ Fidekanou. { Fidekane.	Souye........	Kaghesouye.
		Tada..........	Tadamori.
Kata..........		Taka.........	
Katsou.......	Katsouiye.	Take..........	
Kazou........	Nawokazou.	Tame.........	Fisatame.
Ki.............		Tane..........	
Kin............	Kinakira.	Tatsou.......	
Kimi..........		Terou........	Teroumoto.
Kiyo...........		Toki..........	Tokitada.
Kore..........	Koremori.	Tomi.........	
Kouni.........	Kounimitsou.	Tomo.........	Tomomori.
Kouma.......		Tosi...........	Tosimitsou.
Koura........		Towo.........	
Masa.........	Masamoune.....	Toyo..........	
Masou........		Tsika.........	Tsikamori.
Mata.........	Motoiye.	Tsoughi......	
Matsou.......	Morisighe.	Tsougou......	Fidetsougou.
Mori..........		Tsouna.......	Youkitsouna.
Moro..........		Tsoune.......	Tsounemori.
Moto..........		Tsoura.......	Tsourayouki.
Motsi.........		Wo............	
Mi.............		Wò............	
Mitsou........	Mitsoutada.	Woki.........	Tadawoki.
Moura........		Wosa.........	
Moune........	Mounemori.		

Quatrième sorte de nom. Du bozou *ou nom de retraite appelé* dògo *ou* fomio, *nom de religieux.*

§ 119. Nous ne parlerons ici que des noms religieux que prennent les personnes séculières, quand elles se font *Inkio*, c'est-à-dire quand elles se rasent la barbe et les cheveux, pour marquer qu'elles quittent le monde, et qu'elles abandonnent les emplois qu'elles remplissaient, à leur fils aîné, pour ne plus s'occuper que des choses de leur salut; nous réservant de parler plus loin des noms religieux proprement dits. Ces personnes prennent deux noms : l'un, qui s'appelle *fottaino na* ou *nioúdòno na* ou *fòmiò*, est leur nom honorifique; c'est celui par lequel les autres religieux le désignent et lui parlent; il répond en quelque sorte au *kemiò*, et il s'emploie à sa place. L'autre est le nom d'humilité dont on se sert en parlant de soi; il se nomme *saimin*, et il remplace le *nanori*.

Les noms que l'on donne au roi après qu'il a transmis son royaume à son fils ou successeur, sont *fówò*, *ynno goso*, *sentó*.

Cinquième sorte de nom.

§ 120. Après la mort de quelqu'un, et surtout après celle du roi, des princes et des grandes princesses, on donne au défunt un nom appelé *wokourina* ou *fómiò*. Les *wokourina* des rois japonais se terminent en *tenwo* ou *mikado*, comme *Wóyin tenwò*, *Tsoutsimikado*. Ceux des seigneurs et des grands se terminent en *yidono*; ceux des autres seigneurs d'un rang moins élevé se terminent en *yengiòmon*, et ceux des princesses en *yengiòni*.

Des surnoms, des sobriquets et des descendances généalogiques.

§ 121. La deuxième classe de noms comprend ceux des lignes et descendances des familles, les sobriquets et les surnoms particuliers à chaque individu ou à chaque maison; ce que l'on désigne par les mots *so* ou *ougi* et *miòyi*. *So* ou *ougi* expriment la descendance, la filiation et la ligne des familles sortant d'une même souche, à la manière des tribus d'Israël. Il y a au Japon quatre-vingts familles ou souches d'où sortent tous les seigneurs et nobles du royaume. Parmi ces quatre-vingts familles, on en compte quatre principales, qui sont désignées par les mots *ghen*, *toi* ou *fei*, *tó* et *kit.*

La première (1) des quatre se nomme *Ghenyi ;* son chef était fils du roi *Seiwa tenwò*, qui vivait l'an du Seigneur 860. La seconde est la ligne *Feiyi*, qui descend d'un arrière-petit-fils du roi *Kouammou tenwò*, qui régnait vers l'an 783 de J. C. La troisième famille principale se nomme *Fougiwara ougi;* elle eut pour chef *Taisokouan*, qui vivait vers l'an 666 de J. C. La quatrième ligne se nomme *Tatsibana ougi*.

Outre ces quatre familles principales, il y en a plusieurs autres moins considérables, telles que *Ymbe ougi*, *Kiyowara ougi*, qui commencèrent sous le règne de *Seiwa tenwò*, vers l'an du Seigneur 865, etc., etc.

Ce que les Japonais appellent *miòyi* n'est, à bien dire, que le sobriquet ou surnom propre à chaque famille. Il se tire soit d'un lieu que l'on possède, et dont on est le seigneur, et il se nomme *zaimiò*, comme *takayama*, *arima*, *womourou*, etc...; ou bien il a trait à quelque événement. Ces surnoms ne sont pas seulement propres aux gens de qualité, la plupart des gens du peuple en ont ordinairement un ; et ceux qui n'en ont point sont de la dernière classe de la société. La particule *dono* ne se joint au surnom que pour le chef de la famille seulement, comme *Simadzou dono*. Les autres n'ajoutent *dono* qu'après leur nom de personne, et non immédiatement après leur surnom, comme *Simadzou Nakadzoukasadono*.

Des noms de dignités, titres, offices, etc.

§ 122. La troisième classe de noms comprend les titres, les noms des charges et emplois que l'on exerce. Ils se divisent en deux classes : dans la première, qui se nomme *kouan* ou *kouando*, on range toutes les charges de l'administration du royaume en général ; la seconde se nomme *youriò;* et l'on entend par-là le royaume, état ou province que l'on possède, que l'on gouverne ou que l'on administre ; ou bien ce n'est seulement qu'un titre d'honneur. Chacun de ces noms *kouando* et *youriò* s'exprime de deux manières en japonais et en chinois, parce que l'on confère ces dignités comme à la Chine, d'où elles sont venues.

Pour mieux faire comprendre ce qui a rapport à la noblesse et aux

---

(1) Le manuscrit offrant plusieurs lacunes en cet endroit, nous sommes forcés de supprimer quelques phrases japonaises renfermant, sur l'origine de ces quatre familles, des explications historiques qui heureusement étaient traduites.

charges du Japon, nous allons d'abord parler du roi, des noms qu'on lui donne, et de ces deux classes *kouando* et *youriò*.

Du roi, de ses noms, et de sa famille.

§ **123.** Il paraît certain, si l'on s'en rapporte aux historiens chinois et japonais, que les îles du Japon furent peuplées par différentes nations voisines, telles que les Chinois, les Coréens et les Tartares orientaux. Dans ces premiers tems, les différentes parties du royaume n'étaient point encore soumises à un souverain, et les principaux chefs de ce nouveau peuple ne prirent pas d'abord le titre de roi ; mais ensuite, lorsque tout le Japon fut soumis à la domination d'un chef suprême, ils prirent ce titre de roi. Le premier d'entr'eux s'appelait *Simmoutenwo*. C'est à dater de son règne que la chronologie commence à acquérir plus de certitude. Il monta sur le trône environ 659 avant J. C., dans le tems des rois d'Israël.

Ce ne fut que 87 ans avant J. C. que commença parmi eux le titre de *Djogoun*, qu'ils donnèrent à quatre généraux ou gouverneurs, à qui ils confièrent le soin de quatre provinces. Ce furent là, à ce qu'il paraît, les premières dignités établies parmi les Japonais, qui ne connaissaient point alors les grandes distinctions de titres et de grades, qui se sont depuis lors multipliées à l'infini. (§ 128.)

Mais lorsque, 58 ans après J. C., commencèrent, pour la première fois entre le Japon et la Chine, des relations qui durèrent sans interruption pendant près de 600 ans ; les Japonais adoptèrent alors la plupart des coutumes et des usages de ce peuple voisin, ainsi que la plus grande partie des dignités, titres et emplois qu'ils jugèrent convenables pour le bien de leur royaume, et que l'on désigne par le nom générique de *fiak-kouan*; qui exprime toutes les charges et juridictions de l'état, telles que celles de conseillers du roi, de magistrats, de conseillers de guerre, d'administrateurs des finances, de la justice, et autres à l'imitation des Chinois, et enfin les gouverneurs des provinces.

§ **124.** Le roi du Japon a deux sortes de noms, qui sont 1° ses noms génériques et appellatifs, 2° ses noms propres. Ceux de la première sorte diffèrent entr'eux en ce que les uns signifient *roi* et les autres *empereur*, *monarque universel*, comme il est aussi usité à la Chine. Les souverains du Japon prennent le titre d'empereur, usage dont les Chinois se moquent, parce que ce prince n'est pas un empereur, mais un roi, n'ayant point de rois sous sa domination, comme en a l'empereur de la Chine.

Wò, teiwò, roi; *tei, kòtei, tsókin, mikado*, empereur; *tensi*, *fils du ciel ou empereur*; *koun, kin*, seigneur suprême; *dairi, ynnogoso, sentó*, sont proprement des noms de palais royaux qui se prennent pour le roi lui-même.

Les noms propres du roi sont au nombre de trois. L'un est son nom de personne, c'est-à-dire son petit nom, par lequel personne ne peut le désigner, et dont lui seul a le droit de se servir par humilité. Le deuxième est le nom honorifique sous lequel tout le monde le désigne, c'est encore le nom des années de son règne, aussi s'appelle-t-il *nengo* ou *ère*. Ce nom est ordinairement composé de deux caractères, qui expriment une chose d'heureux augure ; et il arrive quelquefois de le changer une ou plusieurs fois pendant la vie d'un même prince, lorsque celui-ci a éprouvé quelqu'infortune. D'autres fois aussi le roi le conserve jusqu'à sa mort, et souvent même son successeur l'adopte également.

Le troisième nom est honorifique. On le donne aux rois après leur mort, et c'est le seul dont on se serve pour les désigner dans l'histoire. Ce nom s'appelle *wokourina* ou *fómiò*. Il se forme en ajoutant au nom propre les mots *Tenwo* ou *mikado*, comme *Simmou tenwo*, (§ 123) *Tsoutsimikado*; et si le roi faisait partie de quelqu'une des sectes de *Chaka*, on y ajoute *yn* ou *ynsama*, comme *Tobano yn*, etc.

§ 125. Le serment du roi, lorsqu'il prend possession du royaume, se nomme *soukouy*, c'est-à-dire *s'asseoir sur le trône*; ce qui ne peut avoir lieu que par la mort du roi ou par la renonciation qu'il fait de la royauté en faveur de son fils ou de son héritier. Cet acte se nomme *yóy* ou *kouraiwo youdzourou*.

Lorsqu'un roi très-âgé abandonne à son successeur les palais nommés *dairi*, cette cession se nomme *ynno goso*, et elle se fait avec pompe, en présence du *Djogoun* et des grands, qui sont tous revêtus du costume et portent les insignes de leurs charges et de leurs dignités. Les années chronologiques du règne des rois japonais se nomment *gise* ou *zaiy niyoúnen*.

Taisi, grand fils. C'est ainsi que se nomme le prince fils aîné du roi, et ce nom n'appartient qu'à lui seul. Les fils aînés des particuliers se nomment *tsakousi*.

Tógoú ou *figasino miya*, palais de l'orient où demeure le prince. Ces noms se prennent aussi pour la personne du prince.

Miya, *wakamiya*, *sinwo*, *woyi*, les fils du roi. Les fils aînés des *sinwo* se nomment aussi *sinwò*. Les uns et les autres peuvent avoir en outre un titre ou nom de charge et de dignité de *fiak-kouan*. (§ 122 et 123.)

Fimemiya, nom des filles du roi et de celles de ses fils.

Kisáki, *kófi*, reine, impératrice. Le roi a plusieurs femmes, parmi lesquelles il y a différens degrés. La première se nomme *taikó*, *ghempi*, etc.

De la noblesse du Japon.

§ 126. Toute l'ancienne noblesse du Japon se divise en deux ordres, que l'on désigne par les noms *koughe* et *bouke*. Le premier ordre, *koughe*, comprend les familles du sang royal, celles des grands de l'état, des conseillers du roi, ainsi que celles de ceux qui sont chargés du gouvernement et de l'administration générale du royaume, et en général les familles de ceux qui occupent les places les plus élevées, et qui remplissent les charges les plus importantes ; en un mot, cet ordre est, au Japon, ce qu'était à Rome l'ordre des Patriciens.

Le second ordre, *bouke*, est l'ordre chevaleresque ou militaire. Il est composé des nobles, à qui le roi confie la garde de sa personne, la défense du royaume, l'exécution des châtimens qu'il veut infliger, dans diverses parties de l'état, par la voie des armes. Quelques-uns de ceux de cet ordre qui, par leurs talens ou leurs services ont bien mérité de leur souverain, sont souvent promus à l'ordre *koughe*.

Les personnes qui composent ces deux ordres sont les seules nobles du Japon, descendant de quelque race royale ou de quelqu'autre famille noble ; ce sont proprement ceux que l'on désigne par les mots *sò* ou *ougi*. (§ 121.) Le reste de la nation se compose du peuple ou de la populace nommée *domin*, *fiakousò* ou *tami* ; tels sont les laboureurs et les ouvriers, qui n'ont point de *so* ou *ougi*, non plus que de *mioyi*.

Cette même division des ordres de noblesse existait anciennement à la Chine ; on l'y observe encore aujourd'hui, ainsi que dans le royaume de Corée. Cependant les Chinois, 250 ans après l'expulsion des Tartares hors de l'empire, changèrent ces ordres, en éteignant presque toute la noblesse des anciennes familles, et établirent de nouveau deux autres ordres semblables, suivant les deux arts libéraux, les lettres et la guerre, que l'on nomme *boun* et *pou* (*wen*, *wou*). Ces deux ordres sont donc formés, l'un des nobles lettrés, l'autre des gens de guerre qui sont chargés de la garde de la personne du roi et de la défense de l'empire.

Chacun, de quelque rang et qualité qu'il soit, peut parvenir à l'un de ces ordres, soit par les exercices littéraires, soit par l'adresse à manier les armes, en passant par tous les degrés jusqu'à ce qu'on arrive au premier de chaque ordre. Les titres que l'on acquiert dans chacun de ces deux ordres ne sont point héréditaires ; ils expirent avec la personne qui les porte, et on ne les obtient que par son propre mérite.

De même aujourd'hui l'antique noblesse de l'ordre *bouke* est presque entièrement détruite au Japon, depuis que les chefs de l'armée ont usurpé les terres et le gouvernement de l'état dont ils ont privé le roi. Cette révolution vit éteindre plusieurs familles et maisons d'une noblesse très-ancienne, en même tems que d'autres familles du peuple s'élevaient par la voie des armes à l'ordre *bouke*. Néanmoins, quoique les *sabourai* de *bouke* l'emportent aujourd'hui, en général, sur les grands des deux ordres, on observe toujours la prééminence et la distinction qu'il y a entre ces deux ordres, en montant de l'ordre *bouke* à celui de *koughe*.

De l'ordre Koughe.

§ 127. Ceux qui composent cet ordre sont les plus nobles, puisqu'ils descendent, pour la plupart, d'une famille royale ; c'est aussi pour cela qu'ils occupent les places les plus importantes et le premier rang dans l'état. Il y a parmi eux différens degrés de prééminence pour les familles et maisons. Sont compris dans le premier et suprême degré ceux que l'on nomme *seike :* ils composent quatre familles principales ; savoir, *Konoyedono*, *Kougiódono*, *Ytsigiódono*, *Nakadzoukasa*, dont les membres sont comme les conseillers du roi, ayant sous leurs ordres les principaux officiers de la cour. Ceux du second ordre se nomment *seigoua* ; ils composent sept familles ; savoir, *Kogadono*, *Kouasanno*, *yndono*, *Tokoudaiyidono*, *Kikouteidono*, *Wowoino mikadodono Dembórim*, *Sangiódono*. En troisième lieu viennent ceux qui sont nommés *fankeno sou ;* après lesquels sont ceux que l'on appelle *tòsògano sou* et *firakoughe.* Tous ont un costume particulier et des marques distinctives proportionnées au rang qu'ils occupent dans l'ordre *koughe.*

De l'ordre Bouke.

§ 128. Cet ordre comprend tous les nobles qui ne font point partie de l'ordre *koughe.* Les *Djogouns* en sont les premiers et principaux chefs. Ces *Djogouns* sont des généraux ou chefs militaires qui ont sous leur dépendance tous les gouverneurs et capitaines du royaume. Leurs noms génériques sont les suivans : *djogoun, koubò, goso ;* ce dernier mot est aussi le nom de leurs palais, ainsi que celui des palais de quelques *koughe ;* ceux des grands du royaume se nomment *yakata,* mot qui se prend également pour leur personne. Les *djogouns* s'appellent encore *tayiou* et *yòy ;* ils ont entr'eux différens degrés plus ou moins élevés; et ce titre est un des plus anciens du Japon, puisqu'il commença 87 ans avant J. C., la dixième année du dixième roi, nommé *Souyin tenwò.*

Leur charge et leurs attributions ne s'étendaient point alors, comme aujourd'hui, sur toute la milice du royaume ; mais leurs offices étaient limités, et se bornaient presque au soin d'infliger les supplices et de réprimer les délits. Dans ces anciens tems, les rois choisissaient leurs principaux *djogouns* dans les deux familles *Gheniyi* et *Feiyi* ; les chargeant de châtier les malfaiteurs et de réprimer les rebelles. Ces officiers s'acquittèrent de cet emploi avec tant de diligence et de zèle, que tout le royaume jouit de la plus grande tranquillité pendant plusieurs années. Cette paix dura jusqu'en 1160, dans les ères *fòghen* et *feigi,* sous le règne de *Gosirakawano yn,* soixante-dix-septième roi. Il s'éleva, à cette époque, entre ces deux familles une grande dissention, qui fut comme le prélude des premières guerres civiles et générales des Japonais, qu'ils nomment *fòghen feigino ran,* et qui donnèrent naissance à toutes les autres. La famille de *Feike* ayant eu le dessus, celui qui en était le chef s'immisça dans les affaires du gouvernement, sans tenir compte de son souverain ni des *koughe,* à tel point que le roi, désirant le faire périr, commanda à *Yoritomo,* descendant de *Gheniyi,* de se charger de cette exécution. En conséquence, ce dernier poursuivit *Feike,* et le tua vers l'an 1185, sous le règne de *Gotobano yn,* 82° roi du Japon.

Ce prince, pour reconnaître un service aussi signalé, éleva *Yoritomo* à la dignité de *Djogoun*, en lui donnant le gouvernement militaire de tout le Japon, avec un pouvoir illimité pour faire tout ce qu'exigeraient la sûreté et la défense de l'état et la répression des délits. Ce fut le premier gouverneur général du royaume ; et, depuis lui, cette charge s'est continuée jusqu'aujourd'hui.

Avant lui, les *koughe* qui gouvernaient alors le Japon, nommaient, pour chaque province, un gouverneur ayant le titre de *kokousi* ou *kouniozoukasa* ou *kounino kami*; et quand ils le jugeaient nécessaire, ils y envoyaient un officier avec des gens de guerre. Mais lorsque *Yoritomo* fut élevé à cette dignité d'intendant militaire du royaume, le roi le chargea du soin de placer, dans chaque province, un gouverneur ou commandant général, ayant le titre de *sougo*, c'est-à-dire *défenseur* ou *gardien de l'état*; et chargé de garder le roi, de faire exécuter ses ordres ou ceux des gouverneurs, de punir les traîtres et les rebelles, les homicides, les voleurs de nuit, les brigands de terre et de mer, ainsi qu'on le voit dans *Sikimoukou*, où il est dit : *Sokoukono sougonin boughiono koto, woban saisokou, mouson, setgainin, youtsi, gòdò, sanzokou, kaizokou tòno koto nari*. On lui confia aussi le soin de placer, dans les moindres lieux de chaque province, des officiers subalternes portant le titre de *gito*, qui sont les chefs des terres, chargés d'en faire payer le droit ou revenu. C'est de là que les commandans des provinces, qui furent depuis nommés *yakata*, tirèrent leur origine, ainsi que ceux des lieux particuliers qui se nommèrent *kounisou* ou *kounidaimio*, et qui furent subordonnés aux *sougo* ou *yakata*.

Vers l'an 1332, ceux de *Fouke* se soulevèrent avec le *djogoun*, qui s'enfuit avec les redevances du royaume. Il se joignit ensuite aux autres officiers et commandans des provinces, déposa le roi et les *koughe*, qui dans la suite n'eurent plus de commandement ; néanmoins, les rebelles reconnurent le roi pour leur seigneur, à qui appartenait le droit de confirmer les dignités et les offices des *djogouns*, sur la demande que ceux-ci en feraient, pour montrer qu'ils gouvernaient au nom du *Dairi* (1).

---

(1) Nous croyons inutile de transcrire ici quelques détails historiques relatifs aux divers titres des *Djogouns* et des *Dairis*, que l'on peut voir dans Kæmpfer, lib. 2, chap. 3 et suiv.

§ 129. Ces *djogouns* avaient sous eux différens officiers qui leur étaient subordonnés, et qu'ils envoyaient dans les provinces, ainsi que nous l'avons dit plus haut. Parmi ces militaires soumis aux *djogouns*, il y en avait trois principaux qui composaient son conseil, qui étaient comme ses assesseurs, et qui résidaient à sa cour ; on les nommait *sankouanrei*. Il y en avait six autres inférieurs à ceux-ci, mais supérieurs aux autres, qui gouvernaient les provinces. Venaient ensuite tous les commandans et *yakata* des provinces et des lieux particuliers. Les trois *sankouanrei* se nommaient *Bouyei*, *Fosokada*, *Fatakeyama* ; leur race est déjà éteinte. Les six gouverneurs des provinces s'appelaient *Yamana*, *Yssiki*, *Kira*, *Ysibasi*, *Riogokou*, *Sasaki* : leur famille était *Yakata* ; leur race est également éteinte. Les autres grands officiers qui commandaient dans les provinces, et les préfets des redevances dans les lieux particuliers, étaient *sougo*, *yakata*, *kounisou*, *kounidaimio*, *gito*, *yoriki*, *fikouan*, etc.....

La suite des *djogouns* se composait, indépendamment de ces officiers, des *koubo*, attachés à leur service, remplissant les différens offices de leur cour, tels que les gens de leur escorte, *kasenomo*, *tsoûghen*, etc. ; leurs gardes, *wotomono sou* ; *baso*, *kiba*, *komono* ; le porte-lance, *rikisa* ; l'écuyer, *tombara* ; le maître d'armes, qui enseigne à monter à cheval et à tirer de l'arc ; le maître des cérémonies, les alcades et ministres de la justice, *wozosiki*, et plusieurs autres officiers et serviteurs.

Des six degrés ou juridictions comprenant tous les nobles koughe et bouke.

§ 130. Toute la noblesse des deux ordres *koughe* et *bouke* est divisée en six degrés ou juridictions, que l'on désigne par les noms génériques *y*, qui indique le degré, la dignité, le lieu et le siége de la charge ; *fon* ou *sina*, qui exprime la qualité ou l'ordre. Chacune de ces six juridictions se partage en deux autres ; l'une se nomme *soy*, c'est-à-dire *masosiki korai* : c'est le premier et principal degré. L'autre s'appelle *youy*, c'est-à-dire *sitago kourai* ; c'est le degré inférieur, et comme le substitut de l'autre.

Quand on veut désigner l'une de ces six juridictions en particulier, on se sert des nombres *ytsi*, *ni*, etc. (§ 117), que l'on place devant les mots *y* ou *fon*, de la manière suivante. *Soytsiy* (pour *soyytsiy*) la première du premier degré. *Yoúytsiy*, la première du second degré ; *soniy*, *yoúniy*, la seconde, *sozanmi*, *yoúsammi*, la troisième, etc... De cette manière jusqu'à la sixième et dernière juridiction, *sorokoufon*, *yoúrokoufon*.

Les Chinois divisent aujourd'hui ces six juridictions en deux ordres principaux, le patricien et le militaire. L'ordre patricien ou des lettrés, comprend neuf juridictions ; l'ordre militaire en a huit. C'est de cette manière que sont distribuées toutes les charges de l'empire de la Chine ; et chaque emploi a sa juridiction limitée.

Des titres et des noms de dignité et d'offices que prennent les nobles.

§ 131. Les Japonais ont un livre intitulé *Sokoughensoú*, qui traite des noms des offices et des charges de magistrature du royaume, qui désigne l'emploi de chacun et les choses qui sont de sa juridiction. Nous ne parlons ici de ces noms que parce que ce sont des titres que prennent les nobles, tant de l'ordre *koughe* que de l'ordre *bouke*.

Parmi les offices nommés *fiakkouan*, les uns sont remplis par les grands du royaume, qui aident le roi à gouverner, et qui composent son conseil. D'autres s'exercent dans l'intérieur du palais et à la cour ; d'autres encore, relatifs à l'administration de l'état, sont distribués en différens conseils, assemblées ou tribunaux, comme à la Chine, tels que le conseil d'état, celui des rits, des finances, de la justice, et plusieurs autres assemblées de cette sorte, les unes relatives au gouvernement civil, les autres relatives à l'administration du palais du roi.

Les principaux offices de l'ordre *bouke* consistent dans la garde de la personne du roi et dans la défense du royaume. Ils sont distribués en plusieurs gouvernemens et garnisons, avec un titre différent pour chaque office. De sorte que le *fiakkouan* n'est autre que le nom des offices ou tribunaux, des colléges ou assemblées de l'empire. Chacun de ces tribunaux, tant militaires que civils, a un chef et président ; les autres membres ne sont que ses assesseurs, portant le nom de la charge ou du rang qu'ils occupent dans tel ou tel office, en ajoutant le nom générique de tel tribunal au titre de la charge de chacun, comme on le verra ci-après.

Quant à la prééminence qui s'observe dans ces assemblées, il faut remarquer que le premier, ou le président, est toujours celui qui siége au milieu ; après lui vient celui qui siége à gauche, dont le rang est plus élevé que celui du membre qui siége à droite. Il en est de même à la Chine, où l'on se règle pour cela d'après les positions des quatre parties du monde. La principale et la première, suivant eux, est le sud, vers lequel le roi et les grands se tournent toujours, en laissant derrière eux le nord, de manière qu'ils ont à gauche l'orient, qu'ils regardent comme plus noble que l'occident, qui est à leur droite. Aussi, quand il y a deux chefs dans une juridiction, ils ajoutent ordinairement à leur titre *sa, main gauche,* et *ou, main droite,* ou *ta, grand,* et *so, petit.*

Parmi ces offices ou tribunaux, quelques-uns ne sont composés que d'une seule personne ; il y en a d'autres qui sont composés de deux, trois, quatre ou cinq membres, parmi lesquels celui qui siège au milieu, ou le président, se nomme *kami*. Quand le roi avait le souverain pouvoir, et que le royaume se gouvernait par ses ordres, l'usage était d'élever les personnes d'un sang noble à quelques-uns des emplois dont nous venons de parler, et de leur donner quelques-uns des offices de *fiakkouan* ou leur titre ; mais depuis que l'ordre *bouke* a usurpé le gouvernement et les terres, tous ces offices sont confondus. Néanmoins, les *sabourai* prennent encore aujourd'hui les noms des moindres charges de l'ordre *koughe*, et les gens du peuple qui jouissent de quelque considération en agissent de même.

Chaque tribunal ou office a deux noms qui servent à désigner les membres qui le composent. L'un japonais, est le premier et le plus usité ; l'autre est *karana* ou chinois : il est moins usité que le premier.

Noms des principaux offices de fiakkouan.

§ 132. 1° *Sessò.* Son *karana* est *fakorokou* ou *fouy*, gouverneur ou administrateur général de tout le royaume.

2° *Kouambaka. Karana, sipei* ou *fousa,* celui qui aide le roi dans le gouvernement, ou le défenseur du royaume.

3° *Daiyò daiyin,*
    Sadaiyin, } *Karana* { *Sòkokou,*
    Oudaiyin.   *Sasòyó* ou *safou,*
                                   Ousòyó ou *oufou.*

Assesseurs ou conseillers du roi du conseil suprême.

4° *Naidaiyn*.
5° *Douinagon*,
   Tsoúnagon,
   Sónagon.
} *Karana* { *Daifou*
                Asò,
                Kouòmon,
                Kioúyi (1).

Chacun des tribunaux suivans se compose de plusieurs officiers ou membres, dont le chef ou président se nomme *kiò*.

Sikibou,
Gibou,
Mimbou,
Fiòbou,
Ghiòbou,
Nakadzoukasa,
Wokoura,
Kounaï.
} Les membres qui composent ces tribunaux se nomment, { *Kiò*,
                Tayoú,
                So,
                Daiyò,
                Soyó.

Les *karana* de ces huit conseils ou tribunaux sont, 1° *rifó*, à la Chine *ly poú*, conseil-d'état qui dispense les offices, et propose ceux qui y sont propres, les examine, les juge et les dépose lorsqu'ils se sont rendus coupables de quelque faute. 2° *Reifó*, à la Chine *ly poú*, conseil des rits et cérémonies du royaume, tant civiles que religieuses. 3° *Kofó*, à la Chine *hou pou*, conseil des finances pour tout le royaume. 4° *Feifósòyo*, à la Chine *ping-pou-chang-chou*, conseil de guerre. 5° *Keifósòyo*, à la Chine *hing-pou-chang-chou*, conseil du criminel. 6° *Tsoúsorei*. 7° *Daifourei*. 8° *Sino sòyo*.

§ 133. Parmi les noms de *fiakkouan*, il y en a trois, *oufiòye*, *ouyemon*, *sayemon*, que les *sabourai*, les gens non titrés et quelques personnes du peuple prennent ordinairement, en les composant avec les noms *kemiò* (§ 116). Les deux premiers perdent *ou* et font *yemon*, *fiòye*; qui, dans le *nigori*, se change en *biòye*; *sayemon* se change en *zayemon*. Cette composition se fait de plusieurs manières; 1° avec les dix noms de nombres terminés en *ro*, comme *taròo*, *yirò*, etc. (§ 117), auxquels on ajoute l'un de ces trois noms; comme *taròo biòye*, *taròo yemon*, etc... 2° En les ajoutant à l'un des mots *mata*, *ga*, *ya*, *ko*, etc. (§ 117),

---

(1) Nous avons supprimé ici une longue série de noms d'offices et de dignités, dénuée de tous détails et d'explication,

comme *mata biòye*, *mata yemon*, etc. 3° En les mettant après un des dix nombres *ytsi*, *ni*, etc... Tous les noms composés de l'une de ces trois manières sont moins honorifiques que les simples. Il y a encore plusieurs autres manières moins usitées de former ces sortes de noms, que l'usage peut seul apprendre.

Du nom youriò.

§ 134. Le nom *youriò* est le titre de gouverneur de l'une des soixante-six provinces du Japon, que l'on donne à celui que le roi envoie pour gouverner une de ces provinces. Les *youriò* sont de deux sortes, l'un ordinaire au Japon, qui sert à désigner les gouverneurs de telle province, en ajoutant au nom de cette province les mots *kami* ou *mamorou*; comme *tsikouyenno kami* : à l'exception des trois provinces *Fitatsi*, *Kadzousa* et *Kòdzouke*, qui, au lieu de *kami*, prennent *souke*. L'autre *youriò* est le nom chinois.

Ces mots se forment, en ajoutant au caractère servant à désigner une province, en *koye*, le mot *soú*, qui, à la Chine, se prononce *tcheou*, et signifie royaume. Ainsi, par exemple, *yamatono kouni* est un nom japonais ; mais *ya* se lit *wa*, en *koye*, et en y ajoutant *soú*, on dit *wasoú*, qui est le *karana* de *yamatono*, et qui exprime la même province. Ce mot se prend aussi pour désigner le gouverneur de cette province.

Noms des soixante-six départemens du Japon avec leur karana.

§ 135. L'an du Seigneur 590, *Soúyoun tenwò*, la seconde année de son règne, partagea le Japon en huit provinces nommées *dó*, c'est-à-dire chemin ; savoir : 1° *Goki sitsidò*, c'est-à-dire une province de cinq états ou gouvernemens nommés *goki* ou *gokinai* ou *kinai*, et dans laquelle était la cour du roi, nommée *Miyako*, dans le gouvernement de *Yamasiro*. 2° Sept provinces *sitsidò*, qui sont *Tokaidò*, *Tósendò*, *Fokourokoudò*, *Senyndò*, *Senyòdò*, *Nankaidò*, *Saïkaidò*. Quelques auteurs disent que cette division fut faite par *Yómet tenwò*, son prédécesseur. Depuis, l'an 703 de J. C., *Monmou tenwò* divisa ces huit provinces en soixante-six départemens, *rokoú-you-rokou kokou* ou *rokou-yoú yosoú*, c'est-à-dire soixante-six départemens, qui sont proprement la même chose que les soixante-six *fou* de la Chine.

Chacun de ces départemens a une capitale nommée *Foutsoú* ou *Founai*, et en langue vulgaire *Kó*; comme *Sourougano foutsoú* ou *founai*, *Nagatano kó*, etc. Chacun d'eux se divise ensuite en plusieurs autres parties moindres, telles que *goun* ou *kowori*, qui se subdivisent ensuite en *sò*, *yn*, *ken*, etc... Les noms de ces soixante-six provinces sont les suivans :

1° *Gokinaï*, comprenant les cinq départemens de la cour.	Yamasiro, Yamato, Kawatsi, Ydzoumi, Setsou,	Karana	Yòsoú ou Sansoú.. Wasoú............ Kasi............. Sensoú............ Setsoú............	8 goun. 15 15 3 13
2° *Tókaidò*, province maritime du Levant, comprenant quinze départemens.	Yga, Yse, Sima, Wowari, Mikawa, Tòtòmi, Sourouga, Kay, Ydzou, Sagami, Mousasi, Awa, Kadzousa, Simòsa, Fitatsi.	Karana	Ysoú............. Seisoú............ Sisoú............. Bisoú............. Sansoú............ Yensoú............ Soumsoú........... Kòsoú............. Tòsoú............. Sòsoú............. Bouroú............ Bòsoú............. Sòsoú............. Yòsoú............. Yòsou.............	4 15 2 8 8 14 7 4 3 4 21 4 11 12 11
3° *Tòsendò*, province des terres orientales, divisée en huit départemens.	Womi, Mino, Fida, Sinano, Kòdzouke, Simotsouke, Moutsou, Dewa.	Karana	Gòsoú............. Giòsoú............ .... Soú (1)....... Sinsoú:............ Yòsoú............. Yasoú............. Wòsoú............. Wosoú.............	15 18 4 10 14 9 54 12
4° *Fokourokoudò*, province du nord, comprenant sept départemens.	Wakasa, Yetsiyen, Kaga, Noto, Yetsoú, Yetsigo, Sado.	Karana	Yakousoú.......... Yessoú............ Kasoú............. Nòsoú............. Yessoú............ Yessoú............ Sasoú.............	3 12 4 4 4 7 3

(1) Lacune dans le manuscrit. Il faut lire *fisou*.

5° *Senyndò*, province du nord occidental, divisée en huit départemens.	Tamba, Tango, Tagima, Ynaba, Fôki, Ydzoumo, Youami, Woki.	Karana	Tansoù............ Tansoù............ Tansoù............ Ynsoù............. Fakousoù.......... Ounzoù............ Sekisoù........... Wonsoù............	6 goun 5 8 7 6 10 6 4
6° *Senyodò*, province du sud-ouest, divisée en huit départemens.	Farima, Mimasaka, Biyen, Bietsoù, Bigo, Aki, Souwò, Nagato.	Karana	Bansoù............ Sakousoù.......... Bisoù............. Bisoù............. Bisoù............. Gheisoù........... Sousoù............ Tsôsoù............	14 7 11 9 14 8 6 6
7° *Nankaïdò*, province de la mer du sud, comprenant six départemens.	Kiy, Awagi, Awa, Sanouki, Iyo, Tosa.	Karana	Kisoù............. Tansoù............ Asoù.............. Sansoù............ Yosoù............. Tosoù.............	7 2 9 11 14 7
8° *Saïkaïdò*, province de la mer d'occident, comprenant neuf départemens, non compris les deux îles ci-dessous.	Tsikouyen, Tsikougo, Bouyen, Boungo, Fiyen, Figo, Fioûga, Wosoumi, Satsouma.	Karana	Tsikousoù.......... Tsikousoù.......... Fôsoù............. Fôsoù............. Fisoù............. Fisoù............. Nissoù............ Gousoù............ Sassoù............	15 10 8 8 11 14 5 8 14
9° *Nitò*, comprenant les deux îles :	Yki, Tsousima.	Karana	Ysoù.............. Taisoù.............	2 2

§ **136**. Toutes les sectes se divisent en deux classes. L'une se nomme *sòdò* ou *sòke;* ce sont principalement *tendaï* et *singon*. L'autre se nomme *yenke* ou *yensoú*. Chacune de ces sectes a deux sortes d'offices ou de dignités, dont les uns appartiennent aux lettrés et aux étudians, et sont du ressort religieux : il y a entr'eux différens degrés ; quelques-uns même sont conférés par le *Dairi*. Les autres emplois sont ceux de coadjuteurs temporaires, chargés de différens offices (1).

---

(1) Nous supprimons ici la longue nomenclature, dénuée de tous détails, que donne le P. Rodriguez, des sectes et monastères du Japon ; ainsi que celle de la hiérarchie des dignités, et des emplois dans chacun de ces ordres religieux.

FIN DE LA GRAMMAIRE.

INDEX DES MOTS JAPONAIS

CONTENUS DANS CETTE GRAMMAIRE.

Aa. Interject. hélas ! § 82.
Abare-rourou, ruiner (1).
Abi-ourou, se baigner.
Agari-rou, s'élever.
Aghe-ourou, part. verbale. § 84.
Agoue-gourou, lever.
Ai, part. § 78.
Aida, moment, espace de tems.
Aikoutsi, particule. § 84.
Aisokou, partic. § 84.
Aitsouga, aitsoumega, il, lui. § 76.
Akagi, pièce de soie.
Akai, rouge.
Akari-rou, éclairer, briller.
Akaribi, lumière allumée.
Akasi, faire briller.
Ake-kourou, ouvrir.
Aki-kou, se fâcher.
Akirakana, clair, évident.
Akirakani, distinctement.
Akou, akoudò, mal.
Amai, doux.
Amanekou, généralement.
Amatano, beaucoup.
Ame, ciel, pluie.
Anata, il, lui, celui. § 76.
Anata, ici. § 72.
Annaisa, guide.

Ano, ce, cet, (ille). § 76.
Araware-rou, manifester.
Araye-yourou, avoir.
Are, arega, aremega, arerawà, areraga, il, lui, celui. § 18. 76.
Ari-rou, verbe subst. § 55. part. verbale. § 84.
Arou, quelque (quidam).
Arouiwa, ou (vel). § 83.
Arouki-kou, marcher.
Asi, particule. § 78.
Asi, pied.
Asoko, ici, là. § 72.
Asou, demain.
At, oui. § 81.
Atarasii, neuf, nouveau.
Atarasiou, de nouveau.
Ataye-yourou, donner.
Ate-tsourou, diriger.
Ate dokoto, attentif.
Ato, devant.
Atsi, ici, en ce lieu-ci.
Atsoui, gros, épais.
Atsoume-mourou, ajouter.
Aware, plût à Dieu ! § 81.
Awaremi, avoir compassion.
Awaremi no, miséricordieux.
Awase-sourou, comparer.

---

(1) Nous donnons pour les verbes la forme du radical et celle du présent : Sic, *abare* radical, — *rourou*, pour *abarerourou*, présent.

Awo, ce, cela.
Awoi, verd.
Ayaou, dangereusement.
Ayaoui, dangereux.
Ayaoukari-rou, être en danger.
Ayezou, ne pas pouvoir.

Ba, si. § 83.
Bakari, seulement. § 81.
Batsi, pré.
Baya, part. du futur. § 63.
Beki, besi, part. du futur. § 63.
Biakou, blanc.
Botoke, idole.
Bou, part. négative, ne pas. § 84.
Bouiy, paix.
Bouke, ordre militaire.
Boutò, crime.

Dai, grand.
Daitsi, très, part. du superl. § 74.
Damari-rou, dissimuler.
Damari mono, malin.
Damasi-sou, tromper.
Danghi sa, prédicateur.
De, en, dans, avec. § 80; part. de tems. § 100; étant. § 54.
De, dzourou, sortir.
Deki-kourou, achever.
Denghi, champ.
Deso, verbe subst. § 54.
Detasi, habillement.
Dodo, plusieurs fois, souvent.
Dogou, chose, part. instrumentale.
Doko, où.—*Doko wo*, par où. § 72-94.
Domin, populace.
Domo, part. du pluriel. § 8.
Domo, puisque, quoique, mais, part. d'humilité. § 104.
Donata, où, par où. § 72.

Dono, qui? quoi?
Dore, part. interrogative. § 72.
Dori, raison.
Dosin, concorde, accord.
Dosin si-ourou, être d'accord.
Dosin ya, ermite.
Dotsi, où. § 72.
Dyboun, tems, quand.
Dzaifo, richesse.
Dzoutsi, marteau.

Fa, dent.
Fagi-dzourou, rougir.
Faisi-sourou, adorer.
Faki-kou, fouler.
Fakou, blanc.
Fama, rivage.
Famberi-rou, partic. verbale. § 84.
Fanasari-rou, abandonner.
Fanasi-sou, éloigner.
Fa nouke, sans dents.
Fara fara, bruit de la pluie qui tombe. § 81.
Farai-rò, chasser.
Fare-rourou, être clair, serein.
Fase, partic. § 78.
Fasi-sirou, aller à la voile.
Fasira, colonne.
Fasiri-rou, aller.
Fasirimai, privé.
Fatariki-kou, travailler.
Fatasi-sou, achever.
Fatsi, huit.
Fatto, loi.
Fawa, mère.
Fayme-mourou, commencer.
Fe, ferou, passer le tems.
Fi, non, part. négative.
Fi, feu, soleil.
Fi, firou, sécher.

INDEX.

Fiakkouan, charge, emploi.
Fiakousò, laboureur, peuple.
Fidaroui-rou, avoir faim.
Fighe, barbe.
Fiki-kou, tirer.
Fiko, ou *fi mago*, arrière-petit-fils.
Fima, tems, espace.
Fissa, écrivain.
Fitgiò, certainement. § 81.
Fito, homme.
Fitobi-bou, amollir.
Fitosü, le même.
Fito tabi, une fois.
Fitotsouni, ensemble, avec. § 81.
Fodo, part. relat. et comparat., plus que, § 73, 74, 93; part. de tems. § 100.
Fodoni, parce que, puisque. § 83.
Foka, dehors. § 80.
Foke-kourou, diminuer.
Foke mono, petit.
Fokorobi-bourou, découdre.
Fori-rou, creuser.
Forobosi-sou, détruire.
Fosi, étoile.
Fosi-sou, sécher.
Fosü, désirer.
Foto, autre.
Fou, non, sans, § 84.
Foukai, être profond.
Foukò, profondément.
Foukô, désobéissance.
Foukou yn, riche.
Foumi, lettre, épître.
Founde, plume, pinceau.
Foune, vaisseau.
Fouri-rou, pleuvoir.
Fouri-rourou, être vieux.
Fouroubi-bou, vieillir.
Fouroui, vieux, usé.

Fouta, deux.
Foutsou ka, deux jours.
Fouyn, chasteté.

Ga, part. du génitif. § 7.
Gakoumon, étude.
Gakoumon si-sourou, étudier.
Gakou sa, lettré, savant.
Gamasü, comme, de même que.
Gami, papier.
Gana, part. de l'optatif. (utinam!) § 32.
Gari-rou, part. verb. § 55.
Gatai, difficile.
Ghenzai, passé (le).
Ghi, part. collective. § 85.
Ghio, *go*, part. honor. § 20.
Gia, thé.
Gigokou, enfer.
Gioûsi-sourou, demeurer, habiter.
Go, cinq.
Go, part. verb. § 84.
Go, ou *ko*, petit enfant.
Gogatana, petit couteau.
Gosaki-kou, créer.
Goso, salut.
Gotokou, le même, part. relat. § 73.
Gouat, lune, mois.
Gou nin, ignorant.
Gourò, je, moi. § 76.
Gousò, je, moi (ego indignus).
Goyo, il en est ainsi. § 81.
Gozanò-nai, n'avoir pas.
Gozari-rou, être.

Ha! Hélas! § 82.
Hat! interject. exprimant la crainte.

Idaki-kourou, embrasser.
Ide-dzourou, sortir.
Ikani, part. du vocatif. § 7.

Ikasama, peut-être. § 81.
Iken, conseil.
Iken ya, un conseiller.
Iki-kourou, vivre.
Ini-ourou, aller.
Inou, chien.
Ire, vase.
Iri-rou, entrer.
Iro, couleur.
Iroiro, de plusieurs sortes.
Isa, médecin.
Isasaka, non. § 81.
Isi, pierre.
Itai, avec douleur.
Itasi-sou, faire.
Itsigiò, certainement. § 81.
Iya, et *iyaiya*, non. § 81.
Iyana-narou, répugner.
Iye, maison.
Iynto, piété.

KA, ou, part. interrog. § 94 (an?)
Ka, jour (tems).
Kabi-bourou, avoir du chagrin.
Kadò, chant, vers.
Kagammi-mirou, considérer.
Kagouite, seulement. § 81.
Kagouizarou, non-seulement. § 81.
Kai, mer.
Kakare-rourou, se cacher.
Kaki-kou, écrire.
Kami, grand, riche, puissant.
Kamigata, cour du prince.
Kan, la Chine.
Kana, fer.
Kanai-nò, pouvoir.
Kanai, se remplir.
Kanarazou, sans doute. § 81.
Kanasii-sou, être triste.
Kanaye-yourou, remplir.

Kano, celui, ce, cet. § 76.
Kara, Chine.
Kara, part. de l'ablatif. §. 7.
Karabi-bou, sécher.
Kare, ce, lui. } § 76.
Karega, il, lui.
Kari-rou, part. verb. § 55.
Kari-rou, emprunter.
Karonii-zourou, mépriser.
Karouga youyeni, c'est pourquoi, d'autant que; puisque. § 83.
Karoui, léger.
Kasi, utinam ! § 52
Kasiko, prudemment.
Kasikoi, être prudent.
Kasikomata, certainement.
Kataikenai-nò, remercier.
Katana, épée.
Katsi-sou, vaincre.
Katsi, victoire.
Kawa, ruisseau.
Kawa, peau.
Kawaii, avoir compassion.
Kawaiou, malheureusement.
Kawari-rou, se changer.
Kaya, part. interrog. § 94.
Kaye-yourou, changer.
Kaye, air.
Kazarai-rò, feindre.
Kazò, part. interrog. § 94.
Kazou kazou no, plusieurs.
Kea, ou *Ken*, épée.
Ke-rou, donner un coup de pied.
Ken, particule. § 63.
Keri-rou, particule. § 63.
Ki, *kirou*, se vêtir.
Ki, *kourou*, venir.
Ki, arbre, bois.
Ki, part. honorif. § 20, 63.
Kiakouyn, hôte.

Kiden, vous, honorifique. § 76.
Kifen, *kifò*, votre excellence. § 76.
Kike-kourou, s'étendre.
Kiki-kou, entendre.
Kimi, maître, seigneur.
Kiò, livre.
Kio, aujourd'hui.
Kio nen, cette année.
Kiouba, cavalerie.
Kiri, armes.
Kiri korou, prendre par les armes.
Kiri-rou, couper.
Kire-rourou, se couper.
Kirò, vous, votre révérence. § 76.
Kisaki, reine.
Kisò, vous, votre honneur. § 76.
Kitari-rou, venir.
Ko, fils.
Kobita, rare, extraordinaire.
Kofi, reine.
Koitsouga, et *Koitsounega*, il, lui. § 76.
Kokoro, cœur.
Kokoroye-yourou, être persuadé.
Kokou, royaume.
Kokou, noir.
Komi-mou, s'enfermer.
Konata, ou *Kanata*, vous, honorifique; il, lui. § 76.
Konata, ici, par ici.
Kono, *konomi*, ce, cet.
Korasi-sou, fuir.
Kore, ce, cela, cet.
Korega, il, lui. § 76.
Koreni yotte, c'est pourquoi. § 85.
Kori-rourou, être expérimenté.
Koro, ici, là. § 72.
Korobi-bourou, détruire.
Korosi-sou, tuer.
Kosika gami, bossu.

Koso, part. explét. § 84.
Kotaye-yourou, répondre.
Kotei, empereur.
Koto, ou *Goto*, chose. § 70.
Kotoba, mot, verbe, parole.
Koto goto, tous.
Kotonari-rou, être différent.
Kotsi, *kotsiga*, je, moi. § 76.
Kotsira, ici, là. § 72.
Kouako, tems présent.
Koudari-rou, venir, revenir.
Koudasari-rou, donner.
Koudazi-sou, descendre, mettre en bas.
Koughen, conseil.
Koughi, clou.
Koui, manger.
Kouni, royaume.
Kounsi, sage, vertueux.
Kourabe-bourou, donner, apporter.
Kourai-rò, manger.
Kouri-rou, compter.
Kouroi, noir.
Kourousii, avoir du chagrin.
Kourousisa, tristesse.
Koutabirakasi-sou, fatiguer.
Koutsi, bouche.
Koutsi kiki, éloquent.
Koutsi-tsourou, se pourrir.
Kouwaye-yourou, multiplier, accroître.
Koye, mot chinois.

Madzousii-sourou, être pauvre.
Mago, petit-fils.
Mai, ou *maiy*, part. du futur. § 42.
Mai, venir.
Mairase-sourou, part. verb. § 57; part. d'humilité. § 78.
Make, perte.
Makoto no, vrai.
Makoto ni, en vérité.

Mamayo, quoique.
Man, dix mille.
Manabi-bou, imiter.
Masagò, sable.
Masi-sou, aimer mieux, préférer.
Masso, ainsi, il en est ainsi. § 81.
Mata, et, aussi, encore. § 83.
Matawa, ou.
Matsi,-tsou, attendre.
Matsou, pin.
Mawari-rou, purifier.
Maye, derrière (*retrò*). § 80.
Maye-dzourou, mêler.
Me, yeux.
Me, femelle.
Mede-dzourou, distinguer.
Medetai, féliciter.
Meki-kou, comme, de même que.
Mesi, partic. § 84.
Mi, part. honor. § 20.
Mi, *mirou*, voir.
Mi, *midomo*, *midomoraga*, *miga*, je, moi. § 76.
Midò, temple.
Midzou, eau.
Midzoukara, soi, son, sien. § 22; je, moi, pour les femmes. § 76.
Mikado, empereur.
Mimi, oreille.
Mimò, particule. § 67.
Mina, tout, tous.
Miò, nom.
Mirai, avenir, futur.
Mitsi, chemin, raison.
Mitsou, trois.
Miyako, cour du prince.
Miye-yourou, paraître (*videri*).
Mo, quoique, partic. § 44; et, aussi; partic. explet. § 84.
Mode - dzourou, voyager.

Momen, taffetas (toile de soie, mot à mot).
Mono, homme, chose, part. instrumentale. § 70.
Mono gatari, histoire.
Monowo, que ne; partic. exprimant la peine ou le repentir. § 32.
Moromono, tous.
Mosi-sou, part. verb. § 57 et 84; partic. d'humilité, § 78.
Mositari-rou, parler.
Mosou, bien.
Motome-mourou, acquérir.
Motsiy-yourou, estimer.
Motteki-kourou, porter.
Motto, très, fort.
Mottomono, oui (vous avez raison).
Mou, ne pas; partic. négat. § 84.
Moukasi, antiquité.
Mouma, cheval (*mma*, suivant le P. Collado).
Mouma nori, cavalier (*mma nori*).
Mouri, sans raison.
Moutsoukasii, être ennuyeux.
Moyou, sans fin.
Mouzona-zogarou, avoir pitié.
Moye-yourou, brûler, consumer.

NA, ne prohibitif. § 81. — *Na*, nom.
Nagai, long.
Nagai-gô, être plein, rempli.
Nagasa, longueur.
Nagheki, souci, peine.
Nagheki-kou, travailler.
Naghinata, lance.
Nagousami, divertissement.
Nai, non, ne pas.
Nai,nò, ne pas avoir.
Naighe, intérieurement.
Naka, dans, dedans, au milieu. § 80.
Nakanaka, oui. § 81.

INDEX.

Naki-kou, pleurer.
Nakou, nakoute, nakousite, sans. § 80.
Namaiso, ne prohibitif.
Nan, partic. du futur. § 63.
Nangi, ce, cet; tu, toi, d'humilité. § 76.
Nani, nanirou mono, que? quoi?
Nanisini, pourquoi? § 81.
Naraba, si. § 83.
Narabe-bourou, égaler.
Narai-rò, apprendre.
Narai, coutume.
Narani-nou, être désavantageux.
Nari-rou, devenir.
Nasare-rourou, faire; partic. verbale. § 105.
Nasi, partic. négative. § 84.
Nawo, plus; adverbe de comparaison. § 74.
Nawosi-sou, recommencer.
Nayeni et *nayoni*, pourquoi? § 81.
Ne, nourou, dormir.
Negai-gò, désirer.
Negawakouwa, plût à Dieu! § 32.
Negi-dzourou, tordre, tourner.
Nemoui, vouloir dormir.
Nemoutai, avoir sommeil.
Nen, enfant.
Nen, année.
Nen gò, ère. [Nom d'années].
Neyeni naraba, parce que, puisque. § 83.
Ni, fardeau.
Ni, partic. du datif et de l'ablatif, à, par. § 44; dans. § 80, 100.
Ni-rou, ressembler.
Ni, deux.
Nibou, lentement.
Niffon, où *Nippon*, le Japon.
Nigai, amer.
Nikoui, difficile.

Nin, homme.
Nite, étant. § 54, dans, en, avec. § 80.
Niwoite, en, dans. § 80.
Niwoitewa, si. § 83.
Ni you, vingt.
No, partic. du génitif et du vocatif. § 7.
No, sans. § 80.
Nobi-bourou, s'étendre.
Nobori-rou, monter.
Nomi, seulement.
Nomi-mou, boire.
Nori-rou, monter.
Nosite, note, sans. § 80.
Nou, non, sans, part. négative. § 46.
Nou,-nourou, particule. § 63.
Noukigaki, abrégé.
Noukinde-dzourou, exceller, surpasser.
Nouran, partic. du futur. § 63.
Nourasi-sou, mouiller.
Noure-rourou, se mouiller.
Nouroui-roú, tiède, faible.
Nousi, tu, toi, d'humilité. § 76.
Nousino, son, sa, ses. § 75.

OUMARE-ROUROU, s'élever, monter.
Oumare tsouki, nature, le naturel.
Ourami-mou, se plaindre.
Ouran, partic. du futur. § 63.
Oureye-yourou, s'affliger.
Ousirò, devant.
Ousoui, petit, menu.
Outa, vers, poésie.
Outsi, dans. § 80; partic. verbale. § 84.
Outsisamasou, partic. verbale. § 84.
Outtaye-yourou, accuser.
Ouye, en haut. § 80.

RA, partic. du pluriel. § 8; partic. d'humilité. § 104
Ran, partic. verbale. § 63.

Rare, partic. verbale. § 84.
Re, *rourou*, partic. verbale. § 84.
Rebatote, encore, quoique. § 83.
Reighei, coutume, usage.
Renga, et *rengou*, chant, poésie.
Rò, cire.
Rokou, six.
Royakou, médecine.

Sa, homme. § 70.
Sabi-bou, être pauvre.
Sabourai-rò, verbe substantif. § 66.
Sadamete, probablement. § 81.
Sakai-kò, contrarier.
Sakaya, cave.
Sake, vin.
Sakebi-bou, crier.
Saki-kou, déchirer.
Saki, derrière. § 80.
Sakini, hier.
Sakou sà, créateur.
Sama, partic. honorifique. § 104.
Sama, moment, tems.
Samazama no, de plusieurs manières.
Samoui, avoir froid.
San, trois.
Sana, partic. honorifique. § 76.
Sara, interjection exprimant tantôt la peine, tantôt le plaisir. § 82.
Sareba, part. explétive. § 83.
Saredomo, mais, cependant. § 83.
Saroufodoni, partic. explétive. § 83.
Sase-sourou, partic. verbale (faire faire). § 78.
Saserare-rourou, partic. verbale. § 84.
Saserou, être de peu de valeur.
Satemo, *satesate*, oh! ah! § 82.
Sato, lieu, emplacement.
Sayò, le plus, très. § 74.
Se, *sourou*, partic. verbale. § 84.

Seken ya, mondain.
Sen, mille.
Serarare-rourou, partic. verbale. § 84.
Setamai, partic. verbale. § 105.
Sewa, langue japonaise.
Se yn, sage.
Si, particule. § 63; quatre.
Si, vermeil.
Si, *sourou*, faire.
Si botan, pivoine.
Sighei, épais, touffu.
Sigheò, souvent.
Sigoto, travail.
Sikaba, partic. du conjonctif. § 63.
Sikareba, ainsi que. § 83.
Sikaredomo, mais, cependant. § 83.
Sikarouni, *sikarou tokoroni*, ainsi que. § 83.
Sikasikà, presque. § 81.
Sikato, certainement. § 81.
Sikimokou, ordonnance, édit.
Simo, petit, pauvre.
Sin, neuf, nouveau.
Sini-nourou, mourir. — *Sinin*, mort.
Sin soun, printems (année nouvelle).
Sinto, fidélité.
Sinye-yourou, donner.
Sirasi-sourou, connaître.
Siroi, blanc.
Sirosa, blancheur.
Sita, en bas. § 80.
Sitagai-gò, obéir.
Sitagatte, *sitagòte*, selon. § 80.
Sitsi, sept.
So, ne prohibitif. § 81.
Sò, petit.
So, lettre. *Sic*, ita est. § 72.
Soko, ce, cela; adverbe de lieu. § 72.
Sokonai-nò, corrompre.
Sokone-nourou, se corrompre,

INDEX.

Somosomo, partic. explétive. § 83.
Son, partic. honorifique. § 20.
Sona, il me semble.
Sonata, adverbe de lieu. § 72.
Sonata, vous, tu. § 18.
Sonawari-rou, se placer.
Sonaye-yourou, placer, élever.
Sonemi-mou, envier.
Sono, celui-ci, celui-là; il, lui. § 20.
Sonofò, vous, honorifique. § 76.
Sonomi, il, lui, celui, cet, ce. § 76.
Sono sisaiwa, d'autant que. § 83.
Sonoyôna, le même.
Sora, air.
Sorai-rò, être, avoir. § 66.
Sore, explétive. § 83.
Sore, sorega, il, lui. § 20, 76.
Soregasi, je, moi. § 76.
Soreni yotte, c'est pourquoi. § 83.
Sosina, avoir regret.
Soto mino, ou *soto fitono*, son, sa, ses. § 75.
Sotsi, ou *sotsiga*, tu, toi, d'humilité. § 76.
Sotsira, ici, là. § 72.
Sou, seigneur.
Sou, partic. du pluriel. § 8.
Soubete, généralement. § 81.
Soughi-gourou, excéder.
Sougoui-gourou, passer.
Souki-kou, labourer.
Soukoui-kou, sauver.
Soumasi-sou, achever.
Soumi, écritoire.
Sounawatsi, réellement. § 83.
Sounawò, droit, vrai, juste.
Sounei, être opiniâtre.
Sousoumi-mou, exciter.
Sousoure-rourou, pratiquer, exercer.
Soutegana, article, particule.

Souyouno, varié, différent.
Soye-yourou, ajouter.
Soyte, extérieurement.

TA, étranger, autre.
Tabakari-rou, tromper.
Tabe, mur.
Tabe-bourou, manger.
Tabi-bou, donner.
Tabitabi, plusieurs fois, souvent.
Tadasikou, sincère.
Tadazi-zou, juger, estimer.
Taga, qui? lequel? § 24.
Tai, vouloir.
Tai, grand.
Taikô, impératrice.
Taiset, amour.
Taisetai, aimable.
Taisi, en faveur de, par amour. § 80.
Taisite, à cause de. § 80.
Takai-kò, être élevé, haut.
Take, roseau, bambou.
Tamai-mò, partic. verbale. § 84.
Tame, comme, que. § 83.
Tame, tameni, particule, pour. § 99.
Tami, peuple.
Taran, taranzouran, taranzourou, partic. du futur. § 63.
Tare, qui? lequel? § 24.
Taremo, personne (*nemo*).
Tari-rou, être, partic. verbale. § 63.
Tasi-sou, suppléer.
Tasouke-kourou, secourir.
Tate-tourou, ériger, élever.
Tate matsourou, partic. d'humilité. § 78.
Tatsi, partic. du pluriel. § 8.
Tatsi-tsou, s'élever.
Tatte, tattewa, quant à cela. § 80.
Te, main. — *Tei*, empereur.

INDEX.

Teidò, assurément. § 81.
Teiwo, roi.
Ten, ciel. — *Ten*, particule. § 63.
Tenka itsi, partic. du superlatif. § 74.
Tenmei, Dieu, le ciel.
Ten no, céleste. — *Tera*, temple.
Teri-rou, faire soleil.
Tesi, particule verbale. § 63.
To, et. § 83.
Todai, chandelier.
Toga, péché.
Toi, tó, interroger.
To iyedomo, mais, toutefois. § 83.
Toki, tems, occasion.
Tokoro, lieu, endroit.
Tokorode, puisque. § 83.
Tokoroni, particule verbale. § 44.
To mamayo, quoique. § 83.
Tomi-mou, prospérer, enrichir.
Tomo, cependant, mais. § 83.
Tomogara, partic. collective. § 85.
Tomonai, ne pas vouloir.
Tomoni, avec, ensemble. § 80.
Tomori-rou, entendre.
Tomosi-sourou, accompagner.
Tonaye-yourou, bénir.
Toni, partic. verbale. § 78.
Tono, seigneur (noble).
Tora, tigre.
Tore-rourou, s'apaiser.
Tosi, années (*œtas*).
Totomoni, avec, ensemble. § 80.
Totonoye-yourou, composer.
Towoza kari-rou, s'éloigner.
To youtomo, encore, quoique. § 83.
Tsi, terre.
Tsikadzouki-kou, approcher.
Tsikousò, bête brute.
Tsinga, je, moi, du roi. § 76.
Tsiri-rou, se répandre.

Tsitsi, père.
Tsouite, au sujet, à l'égard de. § 80.
Tsoukò, particule. § 84.
Tsoukouri-rou, faire agir.
Tsoure-rourou, emporter.
Tsourou, grue.
Tsourouri-rou, créer.
Tsousinde, humblement.
Tsoutsi, terre.
Tzou, tzoutzou, tzourou, partic. du prétérit. § 63.
Tzouran, partic. du futur. § 63.

Wa, si.
Wa, partic. démonstrative et déterminative, le, la, les. § 7.
Wa, ou *waba*, partic. de l'accusatif. § 7.
Wabi-bou, prier.
Waga, tu, toi. § 76.
Wagami, je, moi, des femmes. § 76.
Waga mino, pronom réciproque. § 22.
Waga miwo, pronom réciproque. § 22, 75.
Wake-kourou, étendre.
Wakizasi, poignard.
Wara, je, moi, du peuple. § 76.
Warai-rò, rire.
Warawa, je, moi, des femmes. § 76.
Ware, pronom démonstratif. § 75.
Ware, warewa, je, moi. § 22.
Wareto mini, ou *miwo*, soi, son, sien. § 75.
Waroui-rou, être mauvais.
Wasoure-rò, oublier.
Watakousi, je, moi. § 76.
Watari-rou, passer, traverser.
Watega, mien. § 19.
Wawannou, particule verbale. § 63.
Wo, grand, roi.
Wo, oui. § 81.

INDEX.

Wo et *wôn*, partic. honorifiques. § 20 ; partic. verbales. § 84.
Wo, ou *woba*, partic. de l'accusatif. § 7.
Wo, ou *wotto*, mâle.
Wobosimesi-sou, penser.
Wogi-zourou, craindre.
Wogori-rou, s'enorgueillir.
Woi, partic. verbale. § 78.
Woi-ite, vieillir.
Woikakarou, particule. § 84.
Wo inou, chien.
Woite, *woitewa*, quant à cela. § 80.
Woki-kourou, se lever.
Wokime, loi, règle.
Wokiy, article, nom générique des particules. § 67.
Wokotari-rou, manquer.
Womoi-mô, penser.
Womoi, lourd.
Womonii-monzourou, estimer.
Womosiroi, être remarquable.
Womote, avec. § 80.
Won, bienfait.
Wonaii, le même.
Wonayou, ensemble. § 81.
Wonoga, tu, toi. § 76.
Wonore, *wonorega*, tu, toi. § 76.
Worara, je, moi. § 76.
Wori-rourou, descendre.
Wori-rou, tisser.
Worinai-nò, n'être pas.
Wosanana, nom d'enfance. § 115.
Wose, il en est ainsi. § 81.
Woserare-rourou, dire.
Wosi, partic. verbale. § 78.
Wosinabete, en général. § 81.
Wosore-rourou, craindre.
Wotsi-tsourou, tomber.
Woumi, vous honorifique. § 75.
Woya, parent.

Y, *YOUROU*, être.
Y, ordre.
Ya, homme.
Ya, partic. interrogative. *An* ? § 94.
Ya, une autre fois.
Yake-kourou, se brûler.
Yaki-kou, brûler.
Yama, montagne, camp.
Yasou, facilement.
Yasoui, facile.
Yat, oui. § 81.
Ydzoukou, où. § 94.
Ye, partic. du datif. § 7.
Ye, *yourou*, recevoir.
Yebosi, bonnet.
Yei, *yoi*, avoir mal au cœur.
Yekina-kigarou, se réjouir.
Yen, vertu. — *Yen nin*, vertueux.
Yen, présence, maintenant.
Yerabi-bou, désigner.
Yi, dire, parler.
Yma, à présent.
Ynisiye, autrefois.
Yô, manière.
Yo, le plus, très. § 74.
Yoi, bon.
Yomi-mou, lire. — *Yomi goto*, livre.
Yomi, partic. du comparatif. § 74.
Yomi, interprétation.
Yona, le même ; partic. relative. § 75.
Yoni, beaucoup. § 81.
Yòni, partic. verbale. § 44 ; comme, que. § 83.
Yori, partic. de l'ablatif. § 7 ; partic. verbale. § 44.
Yori, par amour. § 80 ; de (*ex*) § 94.
Yorimo, ou *yoriwa*, partic. de comparaison. § 74.
Yorokobi, gaîté.
Yotte, à cause de. § 80.

You, dix.
Youki-kou, aller.
Youo, poisson.
Youriò, gouvernement.
Youto, vase.
Youye, partic. causale. § 101.
Yòyò, presque. § 81.
Yri-rou, pratiquer, s'accoutumer.
Yrò, marque, signe.
Yt, jour.
Yto, soie.
Ytsi, un.
Ytsi, le plus. § 74.

Zari, partic. négative. § 46.
Zat, lettre.
Zi-sourou, faire.
Zo, partic. explétive. § 84; partic. interrogative. § 94.
Zò, éléphant.
Zoka, partic. interrogative. § 94.
Zomboun, opinion, avis.
Zoniy-sourou, savoir.
Zou, *zourou*, partic. verbale négative. § 46, 84.
Zoya, partic. interrogative. § 94.

FIN DE L'INDEX.

Nota. En faisant le relevé des mots japonais contenus dans la grammaire, pour en composer *l'Index* précédent, j'ai voulu m'assurer de l'exactitude de mon travail, en vérifiant chacun de ces mots dans le Dictionnaire du P. Collado; j'ai trouvé, dans l'orthographe de quelques-uns, des variantes que je crois devoir consigner ici.

Pages	RODRIGUEZ.	COLLADO.
8	Tabe, mur.	Kabe.
	Womai, être lourd	Womoi.
	Wo oni, fardeau pesant	Womoni.
11	Bammot, toutes choses	Ban mot.
14	Temmei, Dieu, le ciel	Ten mei.
17, 100	Foude, pinceau	Founde.
17	Tada, qui, lequel?	Taga.
20	Fitobi, amollir	Fotobi.
30	Dyboun, tems	Yboun.
54	Nemoui, avoir sommeil	Nemouri.
	Nikoui, être odieux	Nikoumi.
66	Ghenzai, présent	Kouako.
	Kouako, passé	Ghenzai (1).
77	Mouma, cheval	Mma.
93	Karo nii, mépriser	Karonii.
103	Itayou, faire	Itasou.

---

(1) Il y a tout lieu de croire que cette inversion, ainsi que la plupart des variantes du manuscrit, sont des fautes de copiste.

TABLE DES MATIÈRES.

Avant-Propos.. Pag. v
Explication des syllabaires japonais............................ xiij
Préface de l'auteur... xix
Prolégomènes.. 1
Déclinaisons des noms substantifs et des pronoms primitifs...... 4
Des adjectifs... 6
Des pronoms primitifs, dérivés et possessifs.................... 9
Pronoms démonstratifs... 10
Du pronom *qui*, *quæ*, *quod*.................................. 11
Pronom interrogatif... id.
Conjugaisons. — Formation des tems et des modes................. id.
Formation de l'indicatif et de l'impératif des verbes de la première conjugaison affirmative... 12
Observations sur les radicaux des verbes........................ 14
Appendice premier... 15
Appendice deuxième.. 16
Formation de l'optatif, du conjonctif, du conditionnel et du participe.... id.
Observations sur le conditionnel................................ 18
Observations sur les verbes terminés en *i*, qui sont de la première conjugaison... 19
Formation des verbes de la deuxième conjugaison................. 21
Formation des verbes de la troisième conjugaison................ 23
Première conjugaison affirmative................................ 24
Remarques sur les gérondifs, les supins et les participes....... 30
Des verbes négatifs... 32
Première conjugaison négative................................... 33
Deuxième conjugaison affirmative................................ 37
Deuxième conjugaison négative................................... 41
Troisième conjugaison affirmative............................... 45
Troisième conjugaison négative.................................. 49
Conjugaison des verbes anomaux.................................. 53
Conjugaison des verbes adjectifs terminés en *ò*, etc........... 57

TABLE DES MATIÈRES.

Conjugaison négative des verbes adjectifs.................................... 60
Conjugaison du verbe substantif négatif....................................... 62
Conjugaison affirmative pour la langue écrite................................ 64
Conjugaison négative.. 68
Conjugaison des verbes adjectifs.. 69
Conjugaison des verbes *sòrai*, *sòrò*.. 70
Livre deuxième : des parties du discours...................................... 75
Du nom. — Différentes manières de former les noms............................. 76
De l'adjectif... 77
De l'interrogatif... 78
Du relatif.. 79
Des comparatifs et des superlatifs.. id.
Du pronom... 80
Pronoms de la première et de la deuxième personne............................. 81
Pronoms de la troisième personne.. 82
Du verbe.. id.
Des verbes adjectifs.. 85
Du participe.. id.
De la post-position... 86
De l'adverbe.. 87
De l'interjection... 88
De la conjonction... id.
De la particule... 89
De l'article.. 90
Syntaxe. — Construction des parties du discours............................... 91
Des phrases continues... 93
Du radical des verbes négatifs, etc... 95
Du nom adjectif... id.
Du relatif.. 96
De l'interrogation.. 97
De la construction transitive du nom.. id.
Du verbe actif.. 98
Du verbe transitif.. id.
Du verbe passif... id.
Des verbes adjectifs.. 99
Des mots honorifiques... 101
Des particules honorifiques et d'humilité..................................... id.
Des verbes honorifiques... 102
De l'usage du *koye* 105

TABLE DES MATIÈRES.

Du style de la langue écrite	103
Du style *naiden*	105
Du style *gheden*	id.
Des noms propres	106
Du premier nom appelé *azana*	107
Du deuxième nom appelé *kemiò*	108
Du troisième nom appelé *nanori*	109
Quatrième et cinquième sortes de nom	111
Des surnoms et des descendances généalogiques	id.
Des noms de dignités, titres, etc.	112
Du roi, de ses noms et de sa famille	113
De la noblesse du Japon	115
De l'ordre *koughe*	116
De l'ordre *bouke*	117
Des six degrés de juridictions comprenant tous les nobles	119
Des titres et des noms d'office que prennent les nobles	120
Noms des offices de *fiakkouan*	121
Du nom *yourio*	123
Noms des soixante-six départemens du Japon	id.
Des sectes religieuses	125
Index	127

FIN.

ERRATA.

Pag. 5, lig. 5. Feradera.	lisez	Teradera.
11, 17 et 18. Bammotono.		Bammotwo.
14, 16. Seynwo.		Seynno.
17, 6. Nasakew ayoni.		Nasakewa yoni.
19, 18. Ouroui.		Ourou.
31, 31. Hara.		Kara.
76, 24. Yokorobi.		Yorokobi.
80, 20. Sonatana.		Sonatano.
93, 31. Ayakouiwo.		Ayakiwo.
94, 5. Tsoughen.		Koughen.
28. Taymourou.		Faymourou.
96, 6. Sanoui.		Samoui.
107, *pénultième*. Matzougio.		Matsougio.
115, 31. Mioyi.		Miori.

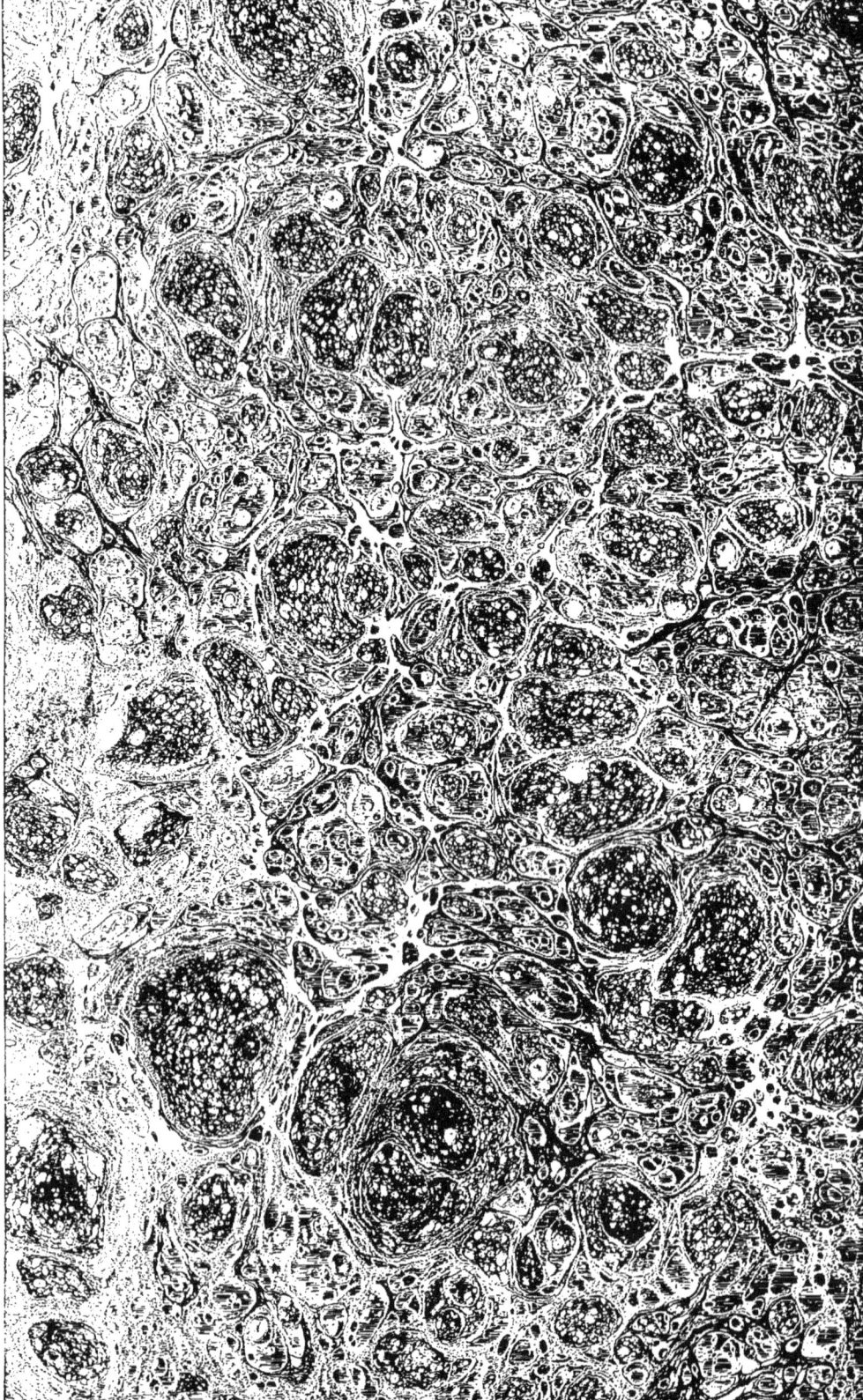

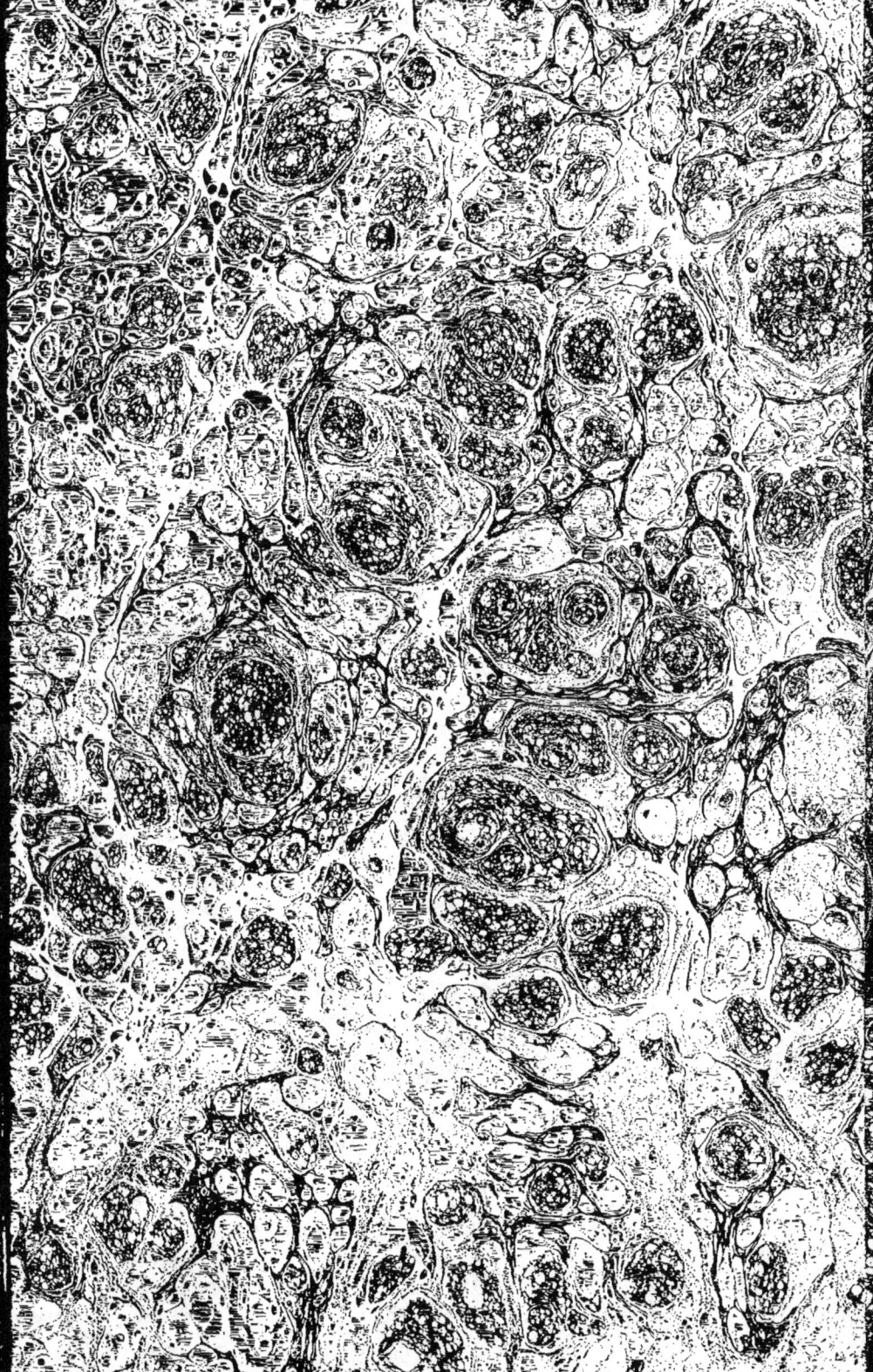

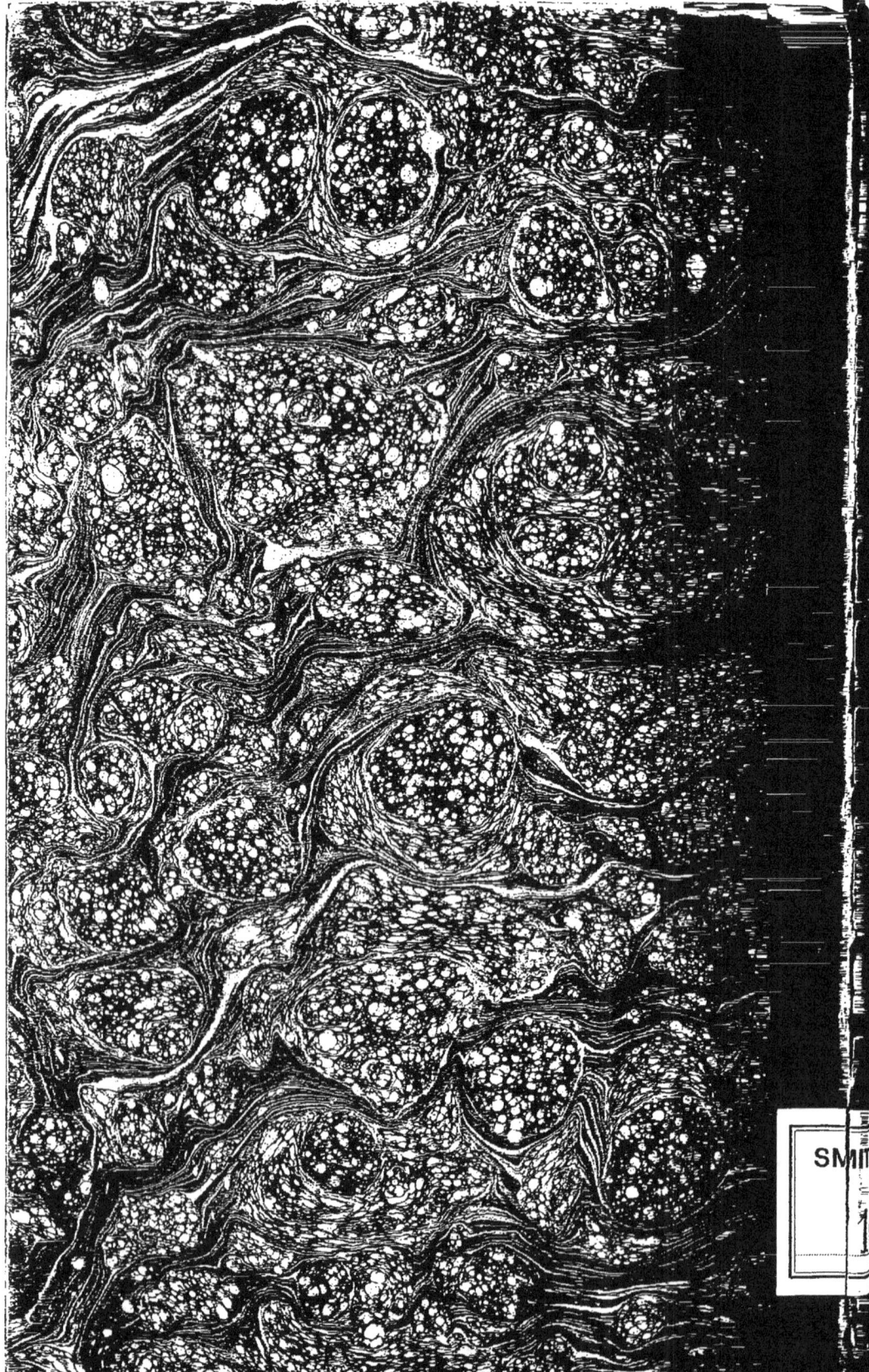

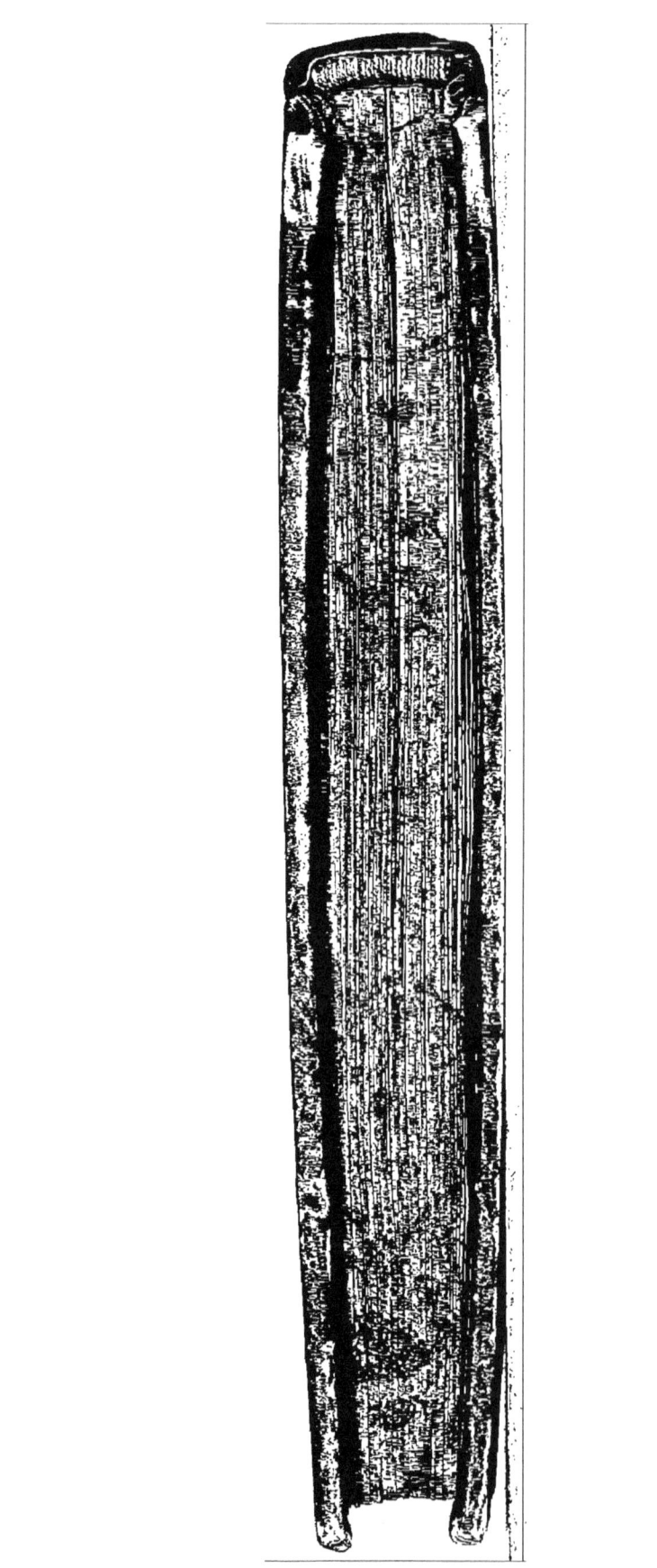

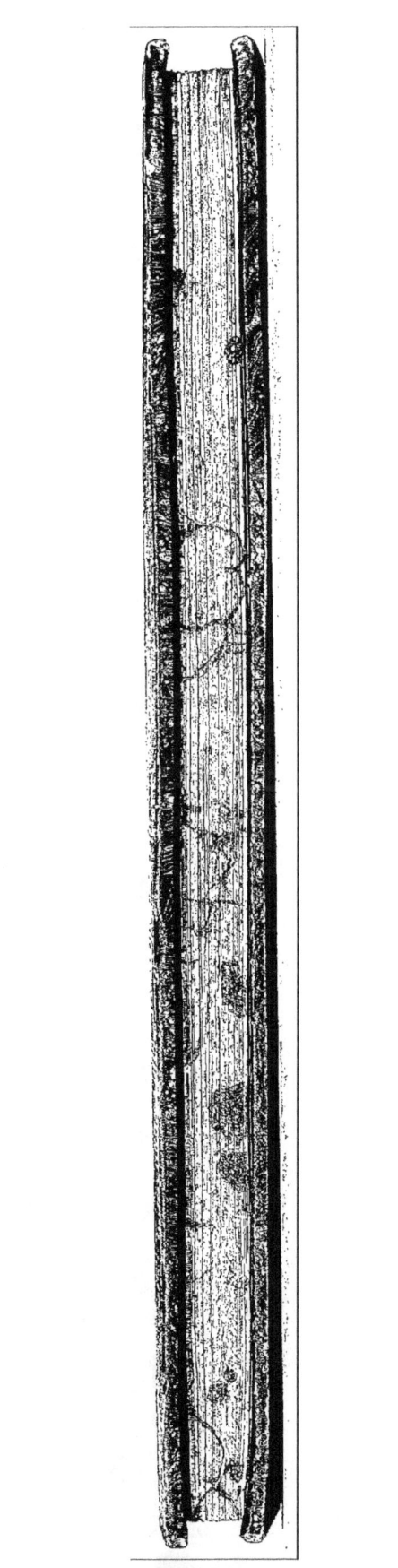

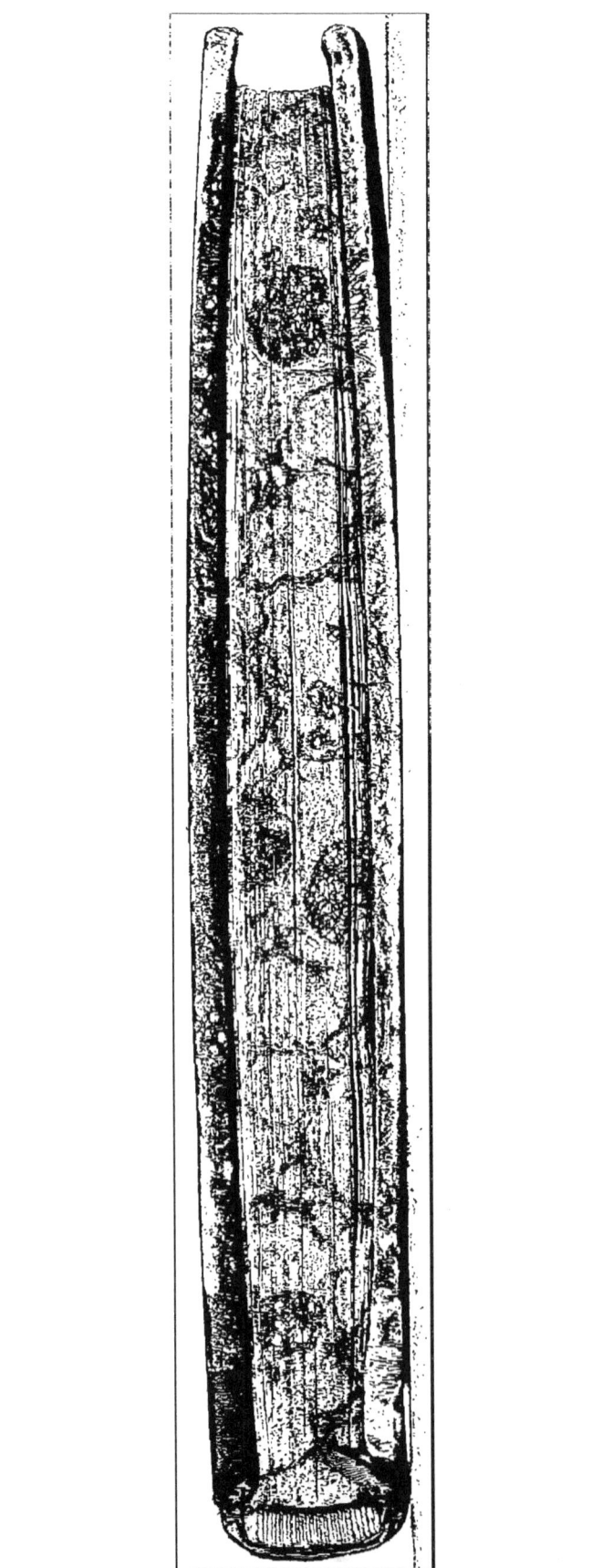

www.ingramcontent.com/pod-product-compliance
Lightning Source LLC
Chambersburg PA
CBHW072048080426
42733CB00010B/2030